税金を払わない巨大企業

富岡幸雄

文春新書

988

税金を払わない巨大企業　目次

取材・構成　河崎貴一

はじめに

自公連立の安倍晋三政権は２０１４年４月１日、消費税を５％から８％に増税しました。さらに、２０１５年10月には10％に引き上げを予定しています。

２０１５年の再増税が実現すれば、わずか１年半の間に、消費税率は５％から10％へと倍増することになります。

財務省は２０１３年10月、財務制度等審議会分科会において、消費税を５％から８％に引き上げれば、２０１４年度の国の一般会計における税収増が４兆円強になるという見通しを示しました。ところが、その増額分以上の税金を、大企業は支払っていません。もし大企業がこれらの税金を支払っていれば、消費税を増税するどころか、そもそも消費税の導入さえ必要なかったでしょう。日本の財政赤字もこれほど巨額にならなかったと私は考えています。
私は戦後、国税庁の職員として、徴税の現場や税務行政の管理を経験しました。国税庁の職員時代は毎年のように、脱税摘発件数と摘発額の双方で一位。「節税」という言葉を初めて発表したのは、実は大蔵事務官時代の私でした。当時、「徴税担当者が節税とはなにごとか」と庁内で懲罰にかかりそうになったほど、この言葉は物議をかもしたものでした。また私は、第一回公認会計士試験、および第一回税理士試験の第一号合格者でもあります。退官後は中央大学の教授として税務会計学を創始し、研究と教育に傾注しながら数多くの会社の顧問も担当して参りました。いわば、税金を徴《と》る側、徴られる側双方の気持ちや内情を熟知しながら、理論と実務の両面で税務を永年にわたって見てきたことになります。

このような税の専門家としての経験を活かして、政府税制調査会の特別委員や国会の公聴会における公述人をつとめ、政府や国民に対して税に関する提言を行ってきました。

私は、消費税のような普遍的な間接税は、租税の基本理念に反すると考えています。それゆえに〝大型間接税不要論〟を強硬に展開してきました。日本の税制の欠陥は、メインタックスである所得課税に欠陥があることです。所得課税の欠陥を是正できれば、消費税は不要です。たとえ消費税を導入するにしても、その前にやるべきことがあります。それは、本来大企業が納めるべき税金を納めなくてもいいようにと、法制を歪めてまで徴税を怠っている現状の租税システムを改め、正常化することです。国民いじめの消費税を第一に考えるべきではないのです。

歴代政権は消費税の導入を着々と進めてきました。第一次大平正芳内閣時代の１９７８年、一般消費税導入案が浮上しましたが、翌年に行われた第35回衆議院総選挙で自民党は過半数を大きく下回り、導入を断念した経緯がありました。その後、第三次中曽根康弘内閣において、再度、売上税の導入が税制改革の基本方針になった際に、私は月刊「文藝春秋」（１９８７年3月号）で「税金を払わない大企業リスト」として、当時の9大商社のうち7社が大きな利益を計上しながら法人税を払っていないことを発表しました。この記事は世論の売上税に関する反対を喚起し、１９８７年、売上税関連法案を廃案に追い込むきっかけのひとつになったと自負しています。

しかし、竹下登内閣時代の１９８８年、消費税法が成立し、翌年4月1日から消費税（3％）が導入されます。

この間、私は衆議院大蔵委員会や参議院予算委員会で参考人として意見陳述し、消費税実施を１カ月後に控えた１９８９年3月の衆議院予算委員会公聴会でも、「消費税の原理的な欠陥と問題点の10項目」を指摘しました。そのうちの根幹部分を抜粋して紹介しましょう。

「新型間接税（消費税のこと）の導入は、低い所得者、低所得層への過酷な増税であり、高所得者への減税であります。（中略）新型間接税の導入は、内需の停滞、物価の上昇、便乗値上げ、そして場合によればインフレ、国際摩擦の拡大を招き、経済政策にも逆行するおそれがあると考えています。（中略）所得税がもっとも公平な税金なのです。消費税のような大型間接税の導入は、税体系を好ましからざる方向に転換するものであります。（中略）税制改革はまずもって現行の所得税や法人税にあるゆがみとひずみを是正し、税に対する公正と正義を確立することが優先されなければならない」

こうした主張もむなしく、ときの自民党政権は、消費税を矛盾と欠陥だらけのまま強行導入してしまいました。その後も消費税は、１９８９年の3％から１９９７年には5％に増税されています。そして、第二次安倍内閣において8％、さらに、２０１５年からは10％へと増税の一途をたどろうとしているのです。

消費税が導入された１９８９年12月の大納会では、日経平均は3万８９１５円という最高値をつけました。しかしその後、株価はジリジリと下げて、バブルの崩壊が国民に深刻な影響を与え始めたのは１９９３年からと言われています。それからの〝失われた10年〟とも〝失われた20年〟とも言われる経済の暗黒時代は、消費税が経済の悪化を加速させたのだと誰の目にもわかります。

冒頭で、「大企業が税金を支払わない」と申しましたが、大企業は脱税をしているわけではありません。「脱税」は、法を逸脱して税金を払わない犯罪です。一方、法に従って税金の支払額を少なくすることを「節税」といいます。ところが、現在の税体系には日本の税法の力が及ばず、グローバル化の時代に追いつけない〝抜け道〟が多くあります。その大きな問題のひとつが、海外の支社や現地法人を〝隠れ蓑〟にしたり、タックス・ヘイブンの国々を迂回するお金の流れです。「節税」と「脱税」が重なりあっているグレーゾーンの「避税」は、日本をはじめとする先進国の租税立法と税務行政の課題となっています。

第二次安倍政権が誕生した２０１２年12月から、アベノミクスの経済効果と円安によって、日本の大企業は軒並み史上空前の利益を手中にしました。ところがその利益は従業員にはわずかしか還元されず、中小企業や非正規労働者、年金生活者の収入は増えていないのが現実です。賃金の伸びが物価上昇率を上回ってこそ国民は豊かになれるのですが、国民の多くは、消費税による支出増によってさらに苦しくなったと実感していることでしょう。この増税によって、デフレと景気低迷に逆戻りしてしまうのではないかと懸念する経済の専門家や政治家の指摘も多数あります。

実際、前回、消費税が増税された１９９７年には、経済成長率が前年度プラス２・７％だったのに、増税後は０・１％に悪化しています。

そこで安倍政権が景気の腰折れを防ぐためにとった政策が、５兆円超の経済対策と、法人税の減税による企業活動の活発化です。消費税の増税によって、家計からお金を吸い上げる一方で、企業には減税という手厚い支援策を打ち出したのです。

日本の大企業にとっては税制の欠陥に加えて、政府が打ち出した優遇税制によって、税金を低く抑えられた状態が続いています。こうした大企業の〝尻ぬぐい〟をさせられているのが、私たち国民なのです。

そのうえ消費税のような一律の税率では、貧しい人ほど税の負担が割高になってしまいます。その反面、大企業や一部の富裕層も含めて、応能負担より極めて少なく税率が設定されています。これでは国民の多くが納得できず、日本国の将来にも禍根を残すことになるでしょう。

私は、消費税にも、消費税増税にも、断固反対します。増税するにしても、その前にやるべきことがたくさんあります。日本の将来のために、現代日本の税制の欠陥と避税のカラクリを、ここに暴くこととした次第です。

第1章　大企業は国に税金を払っていない

日本の法人税は本当に高いのか？

第二次安倍政権は、経済成長戦略としてアベノミクス「三本の矢」を打ち出しました。「第一の矢・大胆な金融政策」、「第二の矢・機動的な財政政策」、「第三の矢・民間投資を喚起する成長戦略」です。それらの矢の先にある〝的〟は、経済の活性化です。

しかし、２０１４年４月１日から消費税は、５％から８％に引き上げられました。さらに、２０１５年10月から10％に再度引き上げられるのは既定路線です。経済を活性化させなければならないこの時期に、なぜ、国民に負担を強いる消費税を増税させなければならないのでしょうか。

安倍政権は、経済の活性化と消費税の関係を次のような三段論法で考えています。

①法人税を減税すれば、企業が活力を回復して収益を伸ばすことができる。

②そうすれば、労働者の賃金や雇用も増えて消費税の負担をやわらげることができる。

③その結果、消費需要が拡大して、デフレ脱却ができるとともに、再び企業収益が増

加する。

このアベノミクスのために、安倍政権が〝裏技〟として実施しているのが、企業優遇税制です。企業を優遇する税制は、経済界や大企業の経営者が、「企業の法人税は高すぎる」、「諸外国並みに法人税を減らせ」、「グローバル化時代に、法人税が高くては、海外企業と競争できない」などと要請した結果でした。

しかし、本当に日本の法人税は高いのでしょうか。

法人税は、原則として、当期の売上などの収入＝「益金」から、売った商品の原価や人件費、経費などの「損金」を引いた利潤＝「所得」に対してかけられます。法人の所得を基準に、法律に基づいて一定税率の税金がかかるわけです。

益金－損金＝所得（ただし、益金が損金より多い場合）

所得×税率＝税額

当然ながら、「所得」が多ければ支払う税金は多くなりますし、「損金」が多くて赤字になれば、税金は免除されます。

マスコミが誤用する「実効税率」

ここで、法人税に関して使用する用語についてお断りしておきます。

皆さんは、マスコミが法人税について報じる時に、「実効税率」という用語を使うのをお聞きになったことがあると思います。ここで使われている実効税率とは、税法によって定められている国税の「法人税」と、地方税の「法人住民税」、「法人事業税」の三つの税を合計した法定の税率です。

しかし、本来、実効税率というのは、個別の企業の利潤に対する実際の納税額の負担割合であり、「実効税負担率」と呼称すべきものです。そこで本書では、法人税と法人住民税、法人事業税を合計した法定税率（マスコミが報じる実効税率のこと）を、「法定正味税率」という言葉に代えて説明します。

日本の法定正味税率は2008年3月期から2012年3月期まで、国税の法人税と地方税の法人住民税と法人事業税を合計して、東京都の場合は40・69％でした。それが2012年4月から減税されて、38・01％になりました。この法人税には、東日本大震災にともなう復興特別法人税（10％）が加算されていましたが、この税が２０１３年度いっぱい（９月末決算法人は２０１４年９月30日）で終了し、２０１４年４月から（同２０１４年10月１日から）、法定正味税率は35・64％に下がりました。

さらに、経済界や大企業の経営者たちの法人税の引き下げ要求に応じる形で、経済財政運営の基本方針「骨太の方針」（２０１４年６月）に、法人税の法定正味税率を２０１５年度から数年以内に20％台に引き下げることを盛り込みました。

たしかに「40・69％」や「38・01％」、「35・64％」という税率の数字だけを見れば、シンガポールの17・00％、イギリスの23・00％、韓国・ソウル特別市の24・20％に比べてかなり高いと言えるでしょう。しかし、ドイツ・全国平均の29・55％やフランスの33・33％と比べて日本の法人税は飛び抜けて高いわけではありませんし、アメリカ・カリフォルニア州は40・75％と、日本より高いのです（各国の税率は財務省「国・地方合わせた法人税率の国際比較」２０１４年３月による）。

課税ベースに潜むカラクリ

前述のように、税額は課税ベースの所得に税率をかけて算出されます。日本の企業、とくに大企業は、課税ベースである課税所得が、実際にはタックス・イロージョン（課税の浸蝕化）やタックス・シェルター（課税の隠れ場）によって縮小され、実際の納税額は大きく軽減されているのです。

タックス・イロージョンとは、課税ベースを減らすために行われる益金の減額と損金の増額で、タックス・シェルターとは、節税目的の金融商品や、取り引きテクニックによる利益の付け替えや損失の飛ばし、損失の捏造《ねつぞう》などを利用する税逃れを意味します。

さらに大きな問題があります。グローバルにビジネスを展開するという美名の下に、多国籍化した巨大企業が国際課税の仕組みにおける欠陥や抜け穴を利用して、世界的スケールで税逃れをし、税源を海外に流出させていることです。こういった〝避税〟は近年目に余るものがあります。結果として、日本の財政は税収減を生じ、歳入調達機能を著しく喪失して、巨大な財源赤字の元凶となっているのです。

現時点では〝合法〟扱いされている税逃れを見過ごさないためにも、企業が実際に負担する法人税については、企業の利潤「企業利益相当額」に対して、実際の納税額「法人税納付額」の割合で示す方がわかりやすいと思います。この割合を、「実効税負担率」と言います。数式で表わすと、次のようになります

法人税納付額÷企業利益相当額＝実効税負担率

なぜ、このような数式を用いるのかというと、企業が収益から損金を多く計上すればするほど、納税額が小さくなって実効税負担率も小さくなり、相対的に、節税・避税、いわゆる必要経費などを含む損金の大きさの割合がわかるからです。

では、実効税負担率を中心に話を進めていきましょう。

巨大企業の驚くべき実効税負担率

法定正味税率が38・01％だった２０１３年３月期、業績が良いにもかかわらず、実効税負担率が著しく低い大企業について調査を始めました。２００６年に「法人企業の申告所得金額の公示制度」が廃止されたために、個別企業の納税情報を分析するのは、時間と労力と高度な専門知識が必要とされる困難な作業の連続でした。苦難の末に、「実効税負担率が低い大企業35社」を割り出しました。

ちなみに、「大企業」の定義は一般的には明確に決められていません。そこで、本書では、「大企業」の定義を「資本金の額又は出資の総額が３億円以上の会社並びに常時使用する従業員の数が３００人以上の会社」としました。もっとわかりやすく言えば、大企業とは、日本で上場していて、『会社四季報』に掲載されている企業とお考えください。

私は、公開されている「有価証券報告書」や「企業・ＩＲ情報」、新聞に掲載されたデータ、必要に応じて研究所のスタッフによる企業への直接取材を行って、膨大な資料を収集し、精査・分析しました。そして、税引前純利益が一期で６００億円以上ある大企業のうち、「実効税負担率が32・3％（法定正味税率38・01％の85％相当）未満」（２０１３年３月期）の企業35社をつきとめたのです。

なお、企業ごとに「事（事業会社）」と「持（持株会社）」の区別をつけました。また、企業の納税制度として、「連結納税制度」を適用している会社と適用していない会社があります。このリストでは、企業が選択している納税制度の区別を、それぞれ「連（連結納税制度適用会社）」「単（単体納税制度適用会社）」で表わしました。カッコ内は「税引前純利益」→「実際に支払った法人税等」を意味します。

「実効税負担率の低い大企業35社（２０１３年3月期）」の１位から10位（表１-ａ）は、次のとおりです。

1位　**三井住友フィナンシャルグループ**（持・単）
0・002%（1479億8500万円→300万円）
・三井住友銀行、三井住友カード、三井住友ファイナンス&リース、日本総合研究所、SMBCフレンド証券などを傘下に納める持株会社。

2位　**ソフトバンク**（持・単）
0・006%（788億8500万円→500万円）
・ソフトバンクBBなど携帯電話を中心とする通信事業や、インターネット関連事業のヤフーなど、IT関連事業を展開する持株会社。

3位　**みずほフィナンシャルグループ**（持・単）
0・09%（2418億9700万円→2億2600万円）
・みずほ銀行、みずほ信託銀行、みずほ証券などを統括する持株会社。

4位　**三菱UFJフィナンシャル・グループ**（持・単）
0・31%（1886億9900万円→5億7700万円）
・三菱東京UFJ銀行、三菱UFJ信託銀行、三菱UFJ証券ホールディングス、三菱ＵＦＪリース、三菱ＵＦＪニコスを中心とする金融機関を傘下に納める持株会社。

5位　みずほコーポレート銀行（事・単）

2・60%（２５７７億７３００万円→67億１４００万円）

・みずほグループの中で、大企業や多国籍企業が専門の銀行でした。２０１３年7月、みずほ銀行を吸収合併し、「みずほ銀行」に改称。

6位　みずほ銀行（事・単）

3・41%（２６３１億９８００万円→89億８０００万円）

・第一勧業銀行（銀行名当時、以下同）、富士銀行、日本興行銀行の分割・合併によって誕生したメガバンク。前述のように、みずほ銀行を含むみずほフィナンシャルグループの持株会社も、実効税負担率の低い企業の3位に名を連ねています。

7位　ファーストリテイリング（持・単）

6・92%（７５６億５３００万円→52億３３００万円）

・カジュアル衣料品のユニクロを中心に、ジーユーなど、衣料品会社を世界的に展開する持株会社。

8位　**オリックス**（持・連）

12・17%（1725億1800万円→210億100万円）

・オリックス生命保険、オリックス銀行、オリックス不動産、オリックス野球クラブなど、主に金融サービス業を傘下に持つ持株会社。

9位　**三菱東京UFJ銀行**（事・単）

12・46%（8774億6800万円→1093億4200万円）

・三菱銀行とUFJ銀行（三和銀行と東海銀行が合併）が合併して誕生した三大メガバンクのひとつ。同行の持株会社である三菱UFJフィナンシャル・グループも、4位にランクインしています。

10位　**キリンホールディングス**（持・単〔当時〕）

12・50%（959億4000万円→119億9500万円）

・飲料事業のキリンを中核とし、協和発酵キリンや小岩井乳業などを傘下に納める持株会社。

注 1)　持株会社の社名略称。HD→ホールディングス、FG→フィナンシャル・グループまたはフィナンシャルグループ

注 2)　最新事業年度分は 2013 年 8 月期、2013 年 12 月期を含む。
2013 年 8 月期決算会社：ファーストリテイリング
2013 年 12 月期決算会社：キリン HD、サントリー HD、キヤノン

注 3)　本表は最新事業年度の「税引前純利益」が 1 期で 600 億円以上、かつ「実効税負担率」が 32.3%（法定正味税率 38.01% の 85% 相当）未満の企業につき試算した結果を表示している。

注 4)　「実効税負担率」は % の小数 2 位未満を四捨五入している。

注 5)　以下、表 1-b、表 1-c の注も同じ。

表 1–a.　実効税負担率の低い大企業 1～10 位

2013 年 3 月期　法定正味税率 38.01% の時期

	社　　名	区　分			2013 年 3 月期		
		企業種別の区分	申告方式の区分	損益計算書の区分	税引前純利益（百万円）	法人税等（百万円）	実効税負担率（%）
1	三井住友 FG	持	単	単 連	147,985 1,064,033	3	**0.002**
2	ソフトバンク	持	単	単 連	78,885 650,494	5	**0.006**
3	みずほ FG	持	単	単 連	241,897 717,832	226	**0.09**
4	三菱 UFJ FG	持	単	単 連	188,699 1,353,789	577	**0.31**
5	みずほコーポレート銀行	事	単	単 連	257,773 328,586	6,714	**2.60**
6	みずほ銀行	事	単	単 連	263,198 326,441	8,980	**3.41**
7	ファーストリテイリング	持	単	単 連	75,653 141,525	5,233	**6.92**
8	オリックス	持	連	連	172,518	21,001	**12.17**
9	三菱東京 UFJ 銀行	事	単	単 連	877,468 1,072,913	109,342	**12.46**
10	キリン HD	持	単	単 連	95,940 157,206	11,995	**12.50**

１％未満は三大メガバンク持株会社とソフトバンク

ご覧になってもわかるように、実効税負担率の低い企業10位までに名を連ねたのは、世界に名だたる大企業ばかりですが、中でも金融関係はオリックスを含めると７社あります。しかも４位までは１％未満で、５位から７位も10％未満。日本経済の要にいるような大企業が支払っている実効税負担率は、税法で定められている法定正味税率（38・01％）をはるかに下回っていたのです。

10位までには明治期に創業された老舗企業が多い中で、ソフトバンク（設立１９８１年）、ファーストリテイリング（同１９６３年）、オリックス（同１９５０年）と、新興企業が一角を占めるのは、実効税負担率が低いために急成長を遂げることができたという背景があるのかもしれません。

２位ソフトバンクの代表取締役社長である孫正義氏と、７位ファーストリテイリングの代表取締役会長兼社長・柳井正氏は、経済誌「フォーブス」の２０１３年版「世界長者番付」において、それぞれ世界１２８位（資産86億ドル）と66位（１３３億ドル）という億万長者です。彼ら個人の収入や資産に応じた納税義務は果たしていると思いますが、それにしても、企業の実効税負担率がそれぞれ、０・００６％と６・92％と極端に低いのですから、両社の商品を愛用する国民は、不公平感を抱くのではないでしょうか。

とくにソフトバンクは、２０１３年３月期の税引前利益が７８８億８５００万円もありながら、法人納付税額がわずかに５００万円。誰がどう考えても少な過ぎると思います。

さらに、11位から20位を順に見ていきます（表1―b）。

11位　**ＡＮＡホールディングス**（持・連　**13・11％**）
12位　**住友商事**（事・連　**13・52％**）
13位　**三菱重工業**（事・連　**16・76％**）
14位　**小松製作所**（事・単　**18・76％**）
15位　**富士重工業**（事・連　**18・87％**）
16位　**丸紅**（事・連　**19・31％**）
17位　**ニコン**（事・連　**19・53％**）
18位　**日産自動車**（事・連　**20・45％**）
19位　**サントリーホールディングス**（持・連　**21・16％**）
20位　**阪急阪神ホールディングス**（持・連　**22・03％**）

11位から20位までを見ると、商社、重工業、自動車メーカーが登場します。
続けて、21位から35位までを見てみましょう（表1―c）。

21位　**住友金属鉱山**（事・単　22・38％）
22位　**京セラ**（事・単　23・46％）
23位　**デンソー**（事・単　24・20％）
24位　**伊藤忠商事**（事・連　25・21％）
25位　**本田技研工業**（事・連　25・72％）
26位　**キヤノン**（事・連　26・26％）
27位　**東京ガス**（事・単　27・38％）
28位　**三井不動産**（事・単　27・41％）
29位　**信越化学工業**（事・単　27・73％）
30位　**トヨタ自動車**（事・連　27・90％）
31位　**武田薬品工業**（事・単　28・64％）

表 1-b.　実効税負担率の低い大企業 11〜20 位

2013 年 3 月期　法定正味税率 38.01% の時期

	社　名	区　分			2013 年 3 月期		
		企業種別の区分	申告方式の区分	損益計算書の区分	税引前純利益（百万円）	法人税等（百万円）	実効税負担率（%）
11	ANAHD	持	連	連	70,876	9,294	**13.11**
12	住友商事	事	連	連	319,021	43,139	**13.52**
13	三菱重工業	事	連	連	155,448	26,059	**16.76**
14	小松製作所	事	単	単 連	83,177 204,603	15,606	**18.76**
15	富士重工業	事	連	連	93,082	17,566	**18.87**
16	丸紅	事	連	連	247,543	47,810	**19.31**
17	ニコン	事	連	連	61,856	12,081	**19.53**
18	日産自動車	事	連	連	516,714	105,659	**20.45**
19	サントリー HD	持	連	連	285,826	60,488	**21.16**
20	阪急阪神 HD	持	連	連	62,192	13,701	**22.03**

32位　**スズキ**（事・連　**28・98％**）
33位　**日立製作所**（事・連　**30・31％**）
34位　**ソニー**（事・連　**30・83％**）
35位　**三井住友銀行**（事・単　**31・52％**）

21位以下になると、自動車メーカーやその部品メーカーのほか、半導体関連企業や化学・薬品企業などが登場します。

リーマンショック以降の法定正味税率

「実効税負担率の低い大企業35社（２０１３年３月期）」を紹介しましたが、一期だけでは、各企業の特殊事情などによって、たまたまランクインすることも考えられます。そこで、その前の２００８年３月期から２０１２年３月期までの５期通算の実効税負担率の調査も行って比較検討しました。

「２００８年３月期から２０１２年３月期」の期間、日本経済は激動しました。２００８年９月に始まったリーマンショックで世界金融恐慌の嵐が吹き荒れ、２０１０年は５月に

表1‒c.　実効税負担率の低い大企業21～35位

2013年3月期　法定正味税率38.01%の時期

	社　名	区　分			2013年3月期		
		企業種別の区分	申告方式の区分	損益計算書の区分	税引前純利益（百万円）	法人税等（百万円）	実効税負担率（%）
21	住友金属鉱山	事	単	単 単	88,376 122.455	19,778	**22.38**
22	京セラ	事	単	単 連	68,802 101,363	16,139	**23.46**
23	デンソー	事	単	単 連	196,134 281,890	47,468	**24.20**
24	伊藤忠商事	事	連	連	311,112	78,421	**25.21**
25	本田技研工業	事	連	連	488,891	125,724	**25.72**
26	キヤノン	事	連	連	347,604	91,297	**26.26**
27	東京ガス	事	単	単 連	114,243 150,445	31,281	**27.38**
28	三井不動産	事	単	単 単	64,654 110,945	17,720	**27.41**
29	信越化学工業	事	単	単 連	87,024 164,070	24,130	**27.73**
30	トヨタ自動車	事	連	連	1,403,649	391,678	**27.90**
31	武田薬品工業	事	単	単 連	203,531 129,707	58,294	**28.64**
32	スズキ	事	連	連	139,403	40,405	**28.98**
33	日立製作所	事	連	連	344,537	104,422	**30.31**
34	ソニー	事	連	連	245,681	75,734	**30.83**
35	三井住友銀行	事	単	単 連	665,400 921,833	209,704	**31.52**

ギリシャの経済不安を発端にユーロ安が起きて、翌年３月には中東のシリア情勢が悪化。２０１２年８月、韓国の李明博大統領（当時）は竹島に上陸を強行し、９月、民主党政権が尖閣諸島を国有化したあとで中国では反日暴動が発生するなど、日本は周辺諸国との関係が急速に悪化していきました。そして、２０１１年３月11日には東日本大震災が発生しました。

政権では毎年首相が交代し、有効な対策を打ち出すことができませんでした。この５期の間に、５人の首相が目まぐるしく代わっています。

福田康夫（自民）　２００７年９月26日～２００８年９月24日
麻生太郎（自民）　２００８年９月24日～２００９年９月16日
鳩山由紀夫（民主）２００９年９月16日～２０１０年６月８日
菅直人（民主）　２０１０年６月８日～２０１１年９月２日
野田佳彦（民主）　２０１１年９月２日～２０１２年12月26日

とりわけ民主党政権は、有効な経済対策や復興対策を打ち出すことができず、政治、経済ともに混迷の度合いを増していきました。しかも最後の野田首相は、消費税増税の民主・自民・公明の三党合意しか残さないありさまでした。その結果、２０１２年末の総選挙では自民党が圧勝し、第二次安倍政権が誕生して消費税増税路線を拡大させたのは、国民にとって不幸なことでした。

法人税について言えば、この５期の間に法定正味税率は、東京都の場合40・69％だったのが、２０１２年４月からは38・01％に引き下げられています。

５期通算でも実効税負担率が低い大企業

次に紹介する「５期通算で実効税負担率の低い大企業27社（２００８年３月期〜２０１２年３月期）」は、２０１３年３月期のリストと同様に、税引前純利益が１期で６００億円以上、５期通算で３０００億円以上あるにもかかわらず、実効税負担率が34・６％未満の大企業です。

前出のリストと同じく、企業ごとに「事（事業会社）」と「持（持株会社）」を、納税制度別については「連（連結納税制度適用会社）」と「単（単体納税制度適用会社）」で表わしました。

カッコ内は「税引前純利益」↓「実際に支払った法人税等」を意味します。

１位　**みずほフィナンシャルグループ**（持・単）
0・02％（１兆２２１８億５５００万円↓2億２５００万円）

２位　**東京海上ホールディングス**（持・単）
0・46％（３３２０億９１００万円↓15億１５００万円）
・東京海上日動、東京海上日動あんしん生命、日新火災、東京海上日動フィナンシャル生命などを傘下に収める持株会社。

３位　**みずほ銀行**（事・単）
0・52％（４６９３億２７００万円↓24億３１００万円）

４位　**三井住友フィナンシャルグループ**（持・単）
1・33％（６０４６億８３００万円↓80億２３００万円）

５位　**三菱ＵＦＪフィナンシャル・グループ**（持・単）
1・39％（１兆４１８６億３０００万円↓１９７億３５００万円）

６位　**三井住友銀行**（事・単）

7・57％（2兆2708億2100万円→1718億6500万円）
・住友系の住友銀行と三井系のさくら銀行が合併して誕生した三大メガバンクのひとつ。④位の三井住友フィナンシャルグループの中核企業。

7位　**みずほコーポレート銀行**（事・単）
10・49％（7073億5000万円→742億1100万円）

8位　**三菱東京UFJ銀行**（事・単）
12・68％（2兆3659億6200万円→2999億8100万円）

9位　**三井不動産**（事・単）
14・41％（3148億1300万円→453億8000万円）
・三井グループの中核企業にして、不動産業界の最大手。

10位　**小松製作所**（事・単）
17・54％（3088億9500万円→541億6900万円）
・建設機械・重機械の国内最大メーカーで、世界でも2位。

金融機関（4社）とその持株会社（3社）を合計すると、実に10位までのうち7社が日

注 1)　持株会社の社名略称。HD→ホールディングス、FG→フィナンシャル・グループまたはフィナンシャルグループ

注 2)　過去 5 年事業年度分は 12 月期決算会社を含む。
12 月期決算会社：ブリヂストン、旭硝子、キヤノン

注 3)　本表は過去 5 事業年度分の「税引前純利益」が 3000 億円以上、かつ「実効税負担率」が 34.6%（法定正味税率 40.69% の 85% 相当）未満の企業につき試算した結果を表示している。

注 4)　「実効税負担率」は % の小数 2 位未満を四捨五入している。

注 5)　以下、表 2-b の注も同じ。

表2–a.　5期通算で実効税負担率の低い大企業1～10位
2008～2012年3月期5期通算　法定正味税率40.69%の時期

	社　　名	区　分			2008～2012年3月期の5期通算		
		企業種別の区分	申告方式の区分	損益計算書の区分	税引前純利益（百万円）	法人税等（百万円）	実効税負担率（%）
1	みずほFG	持	単	単	1,221,855	225	**0.02**
				連	1,809,824		
2	東京海上HD	持	単	単	332,091	1,515	**0.46**
				連	663,598		
3	みずほ銀行	事	単	単	469,327	2,431	**0.52**
				連	520,996		
4	三井住友FG	持	単	単	604,683	8,023	**1.33**
				連	3,296,826		
5	三菱UFJFG	持	単	単	1,418,603	19,735	**1.39**
				連	3,820,357		
6	三井住友銀行	事	単	単	2,270,821	171,865	**7.57**
				連	2,955,401		
7	みずほコーポレート銀行	事	単	単	707,305	74,211	**10.49**
				連	927,236		
8	三菱東京UFJ銀行	事	単	単	2,365,962	299,981	**12.68**
				連	3,216,705		
9	三井不動産	事	単	単	314,813	45,380	**14.41**
				連	546,925		
10	小松製作所	事	単	単	308,895	54,169	**17.54**
				連	985,389		

本を代表する金融大手でした。損保も金融商品を扱っているので、東京海上ホールディングスも含めると、実に8社までが金融関係企業で占められています（表2－a）。

アベノミクス効果で収益改善しても

以下、実効税負担率（5期通算）が34・6％より低い大企業が27位まで並びます（表2－b）。

11位　**丸紅**（事・連　**23・53％**）
12位　**三菱電機**（事・連　**24・27％**）
13位　**住友金属鉱山**（事・単　**25・15％**）
14位　**三菱地所**（事・単　**26・70％**）
15位　**住友商事**（事・連　**27・58％**）
16位　**ブリヂストン**（事・単　**27・74％**）
17位　**NTTドコモ**（事・単　**27・96％**）
18位　**日産自動車**（事・連　**28・85％**）

19位　**本田技研工業**（事・連　**29・68％**）
20位　**デンソー**（事・単　**29・87％**）
21位　**旭硝子**（事・連　**30・02％**）
22位　**キヤノン**（事・連　**31・01％**）
23位　**東京ガス**（事・単　**31・45％**）
24位　**武田薬品工業**（事・単　**31・55％**）
25位　**国際石油開発帝石**（事・単　**32・89％**）
26位　**日本たばこ産業**（事・単　**34・02％**）
27位　**スズキ**（事・連　**34・11％**）

11位から27位には、商社や自動車メーカー、自動車関連メーカーが並んでいます。

日本の法人税は、法定正味税率が「40・69％」、「38・01％」と世界的に高いのですが、実際の納税額の税引前純利益に対する割合の実効税負担率は、これらのデータが示すように、それほど高くはないばかりか中には極めて低い大企業もあります。

それは、利益があっても課税所得として算入しなくてもいいような優遇税制があるから

表 2-b.　5期通算で実効税負担率の低い大企業 11～27 位

2008～2012 年 3 月期 5 期通算　法定正味税率 40.69% の時期

	社名	区分			2008～2012 年 3 月期の 5 期通算		
		企業種別の区分	申告方式の区分	損益計算書の区分	税引前純利益（百万円）	法人税等（百万円）	実効税負担率（%）
11	丸紅	事	連	連	1,051,720	247,504	**23.53**
12	三菱電機	事	連	連	833,116	202,231	**24.27**
13	住友金属鉱山	事	単	単 連	324,879 533,578	81,697	**25.15**
14	三菱地所	事	単	単 連	345,955 484,008	92,364	**26.70**
15	住友商事	事	連	連	1,531,046	422,188	**27.58**
16	ブリヂストン	事	単	単 連	316,624 657,370	87,838	**27.74**
17	NTTドコモ	事	単	単 連	5,394,886 4,129,614	1,508,600	**27.96**
18	日産自動車	事	連	連	1,700,277	490,575	**28.85**
19	本田技研工業	事	連	連	2,281,724	677,141	**29.68**
20	デンソー	事	単	単 連	334,423 787,609	99,908	**29.87**
21	旭硝子	事	連	連	521,092	156,449	**30.02**
22	キヤノン	事	連	連	1,810,446	561,385	**31.01**
23	東京ガス	事	単	単 連	302,535 451,385	95,160	**31.45**
24	武田薬品工業	事	単	単 連	1,432,177 2,015,267	451,883	**31.55**
25	国際石油開発帝石	事	単	単 連	1,019,550 3,019,617	335,328	**32.89**
26	日本たばこ産業	事	単	単 連	829,589 1,632,663	282,252	**34.02**
27	スズキ	事	連	連	565,004	192,738	**34.11**

です。その優遇税制については、第3章で詳述します。サラリーマンの必要経費はわずかしか認められないのに、巷間言われているほど企業は高い法人税を支払っていない実態が、これらの数字からも明らかになりました。

しかも、２０１２年12月に第二次安倍内閣が成立してからは、アベノミクス効果で企業の業績は改善に向かい、空前の利益を出したところも多くあります。経済が伸長して税収が上がれば、法人税や所得税などの税収も伸びることは確実。ところが、国民の所得が上がる前に消費税を増税してしまうと、税収の伸びは〝絵に描いた餅〟どころか、経済の活性化にストップをかけかねません。なぜ国民に負担を押しつける消費税増税を拙速に進めたのか。為政者は、経済がわかっていないとしか思えません。

5期通算でも三大メガバンク、持株会社がランクイン

では、このリストを業種別にみてみましょう。特徴的なのは、金融機関とその持株会社、商社、自動車メーカーが多いことです。カッコ内は、「２００８年3月期〜２０１２年3月期」の実効税負担率です。

［金融機関の持株会社］

1位　**みずほフィナンシャルグループ（0・02％）**
4位　**三井住友フィナンシャルグループ（1・33％）**
5位　**三菱ＵＦＪフィナンシャル・グループ（1・39％）**

三大メガバンク（みずほ銀行、三井住友銀行、三菱東京ＵＦＪ銀行）を含む金融グループの持株会社がすべて入っています。しかも、いずれも5位までに入るほど、実効税負担率は低水準です。

参考のためにあげると、損保の持株会社である東京海上ホールディングス（0・46％）も2位にランクしています。

［金融機関］

3位　**みずほ銀行（0・52％）**
6位　**三井住友銀行（7・57％）**
7位　**みずほコーポレート銀行（10・49％）**

8位　三菱東京ＵＦＪ銀行（12・68％）

持株会社もさることながら、三大メガバンクすべてが10位以内に入っています。

7位のみずほコーポレート銀行（10・49％）は、２０１３年7月にみずほ銀行を吸収合併して、「みずほ銀行」に改称したのは前述しました。

この5期は、たしかに世界的な経済不況の時期ではありました。しかし、メガバンク各行は、業績が好調だったにもかかわらず、10年以上にわたって国への法人税を減免されてきました。１９９０年代後半からの不良債権処理があまりに巨額で、多額の繰越欠損金を抱えていたためです。

メガバンク各行が法人税納入を再開したのは、三菱東京ＵＦＪ銀行が２０１１年３月期から、みずほ銀行や三井住友銀行などは、２０１３年３月期になってからでした。それにしても、税引前純利益が１期あたり数千億円以上あるのに、実効税負担率があまりにも低水準です。

大企業の中でも金融機関は、社会的影響があるという理由で、経営が危うくなれば公的資金で生き延びることができます。金融機関にしてみれば、「公的資金の借金は返している」と弁解されるかもしれませんが、救済面でも税制でも、これほど国から恩恵を受ける業種はほかにありません。

なぜ商社の実効税負担率は低いのか

総合商社として〝ラーメンから航空機〟まで扱っていたのは過去のこと。いまの商社は、国内外企業への出資やマネジメントなど、投資会社に近い業務を行っています。

日本の総合商社は7社あり、２０１３年3月期の売上（連結）順に、三菱商事、伊藤忠商事、丸紅、三井物産、住友商事、豊田通商、双日となっています。

［商社］

11位　**丸紅**（**23・53％**）

15位　**住友商事**（**27・58％**）

２０１２年期以降、大手総合商社の多くは増収増益し、業績好調が続いています。

三菱商事や三井物産の経営者は、国際的な競争力を強化するためには法人税の引き下げが必要だと訴えていますが、両社とも、すでに法人税は大きく軽減されています。

なぜ大手総合商社の実効税負担率が低いのか。公開資料からの分析なので細部についての実態は必ずしも正確にはわかりませんが、原因のひとつは、「外国税額控除制度」の欠陥によるものでしょう。

そのうえ、２００９年に設けられた「外国子会社配当益金不算入制度」の恩恵も大きいと見ています。これは、一定の要件を満たす海外子会社であれば、受取配当額の一律95％を益金に算入しないという制度です。

大手総合商社の場合、世界中で資源開発など様々なプロジェクトに出資をして、配当という形で収益を得ています。もちろん、現地の低い税率で税金を納めてはいますが、日本の本社に還流させる収益には殆んど税金がかかっていません。おそらく三菱商事も三井物産も、この制度を活用して法人税額を低く抑えていると思われます。

「外国子会社配当益金不算入制度」は、これまで海外子会社に溜め込まれがちだった収益を、国内に還流させることを目的に設けられました。つまり、税金はかけないからカネだけ日本に還流させてくれと。企業の海外移転に歯止めがかからない状況下で、さすがの財務省も背に腹は代えられなかったのでしょう。

とはいえ、海外子会社の収益を日本に還流させても、「5％」しか課税対象となる益金には加算されないようになっています。しかも、この5％でさえ、いわゆる必要経費等として損金（外国子会社の管理等の経費）に算入されるので、実質的にほぼ無課税となっているのです。

日産の有価証券報告書から見える優遇税制

自動車メーカーはトップのトヨタ自動車をのぞく、日産自動車と本田技研工業、スズキがランクインしています。スズキは、自動車重量税が比較的安い軽自動車で人気があり、インドでの業績も堅調です。

［自動車メーカーおよび部品メーカー］
18位　**日産自動車**（**28・85％**）
19位　**本田技研工業**（**29・68％**）
27位　**スズキ**（**34・11％**）

さらに、トヨタグループの一員であるデンソー（20位　29・87％）は、トヨタ自動車に部品を開発・供給するほか、今では、世界中の自動車メーカーに部品を供給するほどの大企業となりました。

ここで、日産自動車がいかにして税負担を軽くしているかについて、その一端が垣間見える資料があるので紹介しておきます。

同社の実効税負担率は、２０１３年３月期では20・45％、２００８年３月期～２０１２年３月期の５期通算では28・85％でした。

日産自動車の有価証券報告書には、〈法定実効税率と税効果会計適用後の法人税等の負担率との間に重要な差異があるときの、当該差異の原因となった主要な項目別の内訳〉という項目が掲載されています。少し難しいのですが、要するに、どのような手段でどれほど法人税納付額を減らしているのか、が株主に示されているのです。

たとえば、２０１３年３月期の決算資料を見ると、〈在外連結子会社の税率差　△５・０％〉とあります。海外子会社は各国の税率に従って法人税を納めますが、日本の税率との差が平均５・０％あったということです。そこから逆算すると、子会社を日本に置くよりも、法人税額が約２５８億円安くなったことがわかります。

また、決算資料に〈税額控除　△３・９％〉とあります。これは政策減税の恩恵と見られます。政策減税には「研究開発減税」や「グリーン投資減税」をはじめ、数え切れないほどの種類があります。これらについては、後述します。

日産自動車は自動車メーカーですから、おそらく「特別試験研究費」の税額控除などを活用していると推測されます。それらの結果、法人税額は約２０１億円安くなった計算になります。

ちなみに、この特別試験研究費の税額控除は、これまで法人税額の20％までを上限として認められて来ましたが、２０１３年度の税制改正によって上限は30％に引き上げられて、さらに優遇されました。

日産自動車をはじめとして、自動車メーカー各社やその他の大企業は、これらの税制改正の恩恵を受けていると思われます。

自動車関連企業というわけではありませんが、自動車に必要不可欠なタイヤの世界トップクラスのメーカー、ブリヂストン（16位　27・74％）の実効税負担率が低いのも偶然の一致でしょうか。

ついでながら、ブリヂストンの創業者・石橋正二郎の孫には、鳩山由紀夫元首相・邦夫元総務大臣の兄弟がいます。

最後は不動産会社です。

［不動産会社］

9位　**三井不動産（14・41％）**

14位　**三菱地所（26・70％）**

両社は、不動産会社のうち、時価総額（2013年12月末）で、それぞれ2位（三井不動産）と1位（三菱地所）です。

超一流企業の納税額はわずか4500万円

次に、実際の納税額（表の「法人税等」）が少ない順に見てみましょう。（カッコ内の意味は「税引前純利益」→「法人税等」）。いずれも2008年3月期～2012年3月期までの5期通算の金額です。

1位　**みずほフィナンシャルグループ**（1兆2218億5500万円→2億2500万円）
2位　**東京海上ホールディングス**（3320億9100万円→15億1500万円）
3位　**みずほ銀行**（4693億2700万円→24億3100万円）
4位　**三井住友フィナンシャルグループ**（6046億8300万円→80億2300万円）
5位　**三菱ＵＦＪフィナンシャル・グループ**（1兆4186億300万円→197億3500万円）
6位　**三井不動産**（3148億1300万円→453億8000万円）
7位　**小松製作所**（3088億9500万円→541億6900万円）
8位　**みずほコーポレート銀行**（7073億5000万円→742億1100万円）
9位　**住友金属鉱山**（3248億7900万円→816億9700万円）
10位　**ブリヂストン**（3166億2400万円→878億3800万円）

掲載した法人税等の額は5期通算ですから、1期あたりはその5分の1です。たとえば、みずほフィナンシャルグループは、1期あたり4500万円となります。税引前純利益が平均で1期あたり2443億7100万円なのですから、いかに法人税等の額が少ないかがわかります。同社の役員ひとりあたりの報酬と同程度か、もしかしたらそれより少ないかもしれません。

法人税等の額「4500万円」がいかに少ないかを比較するために、国民ひとりあたりの税金と比較してみましょう。

みずほフィナンシャルグループは、税引前純利益が5期で1兆2218億5500万円もありながら、法人税等の納税額が2億2500万円で実効税負担率は0・02％です。サラリーマンの平均的年収は400万円と言われていますから、換算すればわずかに「737円」しか納めていないことになります。

もちろん、法人税と個人の所得税とでは計算方式が大きく違います。しかし、年収400万円のサラリーマンで課税所得が約140万円の場合、控除額によっても異なりますが、所得税を年間に14万円以上支払っているのですから、「737円」は誰から見ても安すぎるでしょう。

なぜ、このように法人税が少ないかというカラクリについては、のちほど詳しく紹介します。

受取配当金が巨額でも法人税には関係なし

ここまで実効税負担率によって大企業の法人税を検討してきました。

くり返しますが、法人税の元になるのは、売上などの収入＝「益金」です。そして、大企業の経済活動のひとつに、グループ内の子会社・関連会社や他社の株式を取得する場合があります。わかりやすく言えば出資です。

出資した企業は、株式を保有している会社が利益をあげて配当すれば、受取配当金という収入があります。たとえば持株会社は、グループ傘下の企業に「出資」＝「株式を取得」して、経営方針に大きな影響を与える〝司令塔〟です。その見返りに、配当という形でグループ内の利益が集約されます。前述のとおり商社の場合、現在では商品売買よりも、出資企業やアドバイザーとしての側面が大きくなっています。その意味では、出資は企業の経済活動の大きな柱ともなっています。

では、大企業の中でこの受取配当金はどのようなウエイトを占めているのでしょうか。

受取配当金の多い大企業のうち、２００８年３月期～２０１３年３月期までの６期通算で、受取配当金が５０００億円以上の会社をあげると21社ありました。それが、「受取配当金の多い会社」（表３）です。その中には、前掲した「実効税負担率が低い大企業」に顔を出した大企業も多く入っていました。

比較のために、カッコ内に税引前純利益を表記します。

１位　**三菱東京ＵＦＪ銀行　２兆８３００億３０００万円**（３兆２４３４億３０００万円）

２位　**トヨタ自動車　２兆３２４６億７９００万円**（２兆５１８３億７１００万円）

３位　**第一生命保険　２兆１３６４億４０００万円**（３２５６億８７００万円）

４位　**三菱商事　２兆８７４億２５００万円**（１兆６１３１億３８００万円）

５位　**三菱ＵＦＪフィナンシャル・グループ　１兆９７６２億７９００万円**（１兆６０７３億２０００万円）

６位　**みずほコーポレート銀行　１兆７０８７億３０００万円**（９６５０億７８００万円）

７位　**三井物産　１兆６２７５億２５００万円**（８０６３億１０００万円）

８位　**三井住友銀行　１兆５５８６億１８００万円**（２兆９３６２億２１００万円）
９位　**みずほフィナンシャルグループ　１兆４４６３億２４００万円**（１兆４６３７億５２００万円）
10位　**日本電信電話（ＮＴＴ）　１兆４０９６億８５００万円**（１兆３７４０億７５００万円）

利益の10倍以上もある受取配当金

受取配当金が税引前純利益よりどれほど多いか、受取配当金構成比（「受取配当金」÷「税引前純利益」）で比較しましょう。この受取配当金構成比が大きければ大きいほど、企業は受取配当金に収益を依存していることになります。

たとえば、日立製作所（17位）の受取配当金（６５３０億７９００万円）は、税引前利益（５７２億３５００万円）の１１４１・０％（11・４倍）もあります。同じく、第一生命保険（３位）の受取配当金は税引前利益の６５６・０％（６・56倍）、三井物産（７位）は２０１・９％（２・０１９倍）、丸紅（21位）は１７８・０％（１・78倍）、みずほコーポレート銀行（６位）は１７７・１％（１・７７１倍）もあります。

これら21社のうち、ほとんどの企業が、税引前純利益より受取配当金のほうが多いことがわかります。つまり、受取配当金が大企業の大きな収入源となっているのです。

それにもかかわらず、納めている法人税の実効税負担率は、紹介したように著しく低い。なぜでしょうか。

種明かしをすると、「受取配当金益金不算入制度」といって、企業が他社の株式を取得した場合、その受取配当金は課税益金に算入しないでもいいという「法人間配当無視」が認められているからです。子会社や関係会社の株式等にかかわる配当については、課税ベースに１００％不算入が認められています。子会社や関係会社に出資して配当金を得ることがあっても、その金額は課税対象にしなくてもいいのです。

また、子会社や関係会社以外の企業の株式についても、50％が益金不算入なのですから、株式投資をしても、利益の半額は目をつぶっていても非課税となるわけです。

企業から見れば、系列会社への株式投資は、税制上極めて有効な資産運用法と言えます。一般人はもちろん、中小企業が系列会社に株式投資をした場合、それほど多くの受取配当金を受け取ることはありません。これも、投資に充てられる資金力が豊富な大企業に有利な税制と言えるでしょう。

注 1)　持株会社の社名略称。HD→ホールディングス、FG→フィナンシャル・グループまたはフィナンシャルグループ

注 2)　次の会社の受取配当金は「有価証券利息配当金」である。三菱東京 UFJ 銀行、第一生命保険、みずほコーポレート銀行、三井住友銀行、みずほ銀行

注 3)　第一生命保険の有価証券利息配当金および税引前純利益は 2010〜2013 年 3 月期までの 4 事業年度である。

注 4)　本表は過去 6 事業年度における受取配当金が 500 億円以上の企業につき試算している。

出典：2008〜2013 年 3 月期までの 6 事業年度にわたり、有価証券報告書の単体損益計算書に計上している「受取配当金」、「税引前純利益」から作表

表 3.　受取配当金の多い会社

	社　　名	企業種別の区分	2008.3～2013.3 月期の 6 期通算		
			受取配当金（百万円）	税引前純利益（百万円）	受取配当金構成費（%）
1	三菱東京 UFJ 銀行	事	2,830,030	3,243,430	**87.3**
2	トヨタ自動車	事	2,324,679	2,518,371	**92.3**
3	第一生命保険	事	2,136,404	325,687	**656.0**
4	三菱商事	事	2,087,425	1,613,138	**129.4**
5	三菱 UFJFG	持	1,976,279	1,607,302	**123.0**
6	みずほコーポレート銀行	事	1,708,703	965,078	**177.1**
7	三井物産	事	1,627,525	806,301	**201.9**
8	三井住友銀行	事	1,558,618	2,936,221	**53.1**
9	みずほ FG	持	1,446,324	1,463,752	**98.8**
10	日本電信電話	持	1,409,685	1,374,075	**102.6**
11	本田技研工業	事	1,156,083	921,647	**125.4**
12	日産自動車	事	1,042,855	621,492	**167.8**
13	三井住友 FG	持	864,140	752,668	**114.8**
14	伊藤忠商事	事	817,241	622,615	**131.3**
15	みずほ銀行	事	766,522	732,525	**104.6**
16	東芝	事	673,725	－100,556	**－670.0**
17	日立製作所	事	653,079	57,235	**1141.0**
18	パナソニック	事	553,299	－1,058,810	**－52.3**
19	野村 HD	持	533,118	－315,024	**－169.2**
20	住友商事	事	517,225	393,896	**131.3**
21	丸紅	事	511,379	287,310	**178.0**

子会社、関係会社からであれば申告ゼロに

さらに言えば、経営上の収益が赤字であっても、また受取配当金で補填して企業決算が黒字になった場合でも、受け取る配当金が子会社や関係会社からのものであれば、申告税額はゼロにできる可能性があります。

たとえば東芝は、税引前純利益はマイナス1005億5600万円でしたが、受取配当金は、その赤字額の670・0％（6・7倍）にのぼる6737億2500万円もありました。また、野村ホールディングスは、マイナス3150億2400万円もの赤字でしたが、受取配当金は、その赤字の169・2％（1・692倍）の5331億1800万円もありました。それなのに、課税ベースとなる所得は0円とすることが可能なのです。

税引前純利益の赤字額としては、このリストではパナソニック（旧松下電器産業）のマイナス1兆588億1000万円が最大でした。同社はこの時期、白物家電の売上の落ち込みや、三洋電機を完全子会社化するために、これほど巨額の赤字を計上したものと思われます。しかし、5532億9900万円もの配当金で赤字額の半分以上を補填できたのです。

この受取配当金益金不算入制度についても、のちほど詳しく触れることにしましょう。

第2章

企業エゴむき出しの経済界リーダーたち

減税を叫ぶ経済界リーダーの厚顔ぶり

安倍政権が次々に法人税改革を実施し、企業優遇策をとる大きな理由は、経済界や大企業の経営者たちからの減税要求があったからです。彼らは、厳しさを増すグローバル経済の中で、日本の企業が国際競争に打ち勝つために、法人税の減税が必要不可欠だと主張し続けてきました。

さらに経団連は、国税と地方税を合わせた法人の法定正味税率（東京都の場合35・64％）を「早急に25％程度まで引き下げる」ようにと政府税調に申し入れてきました。その結果、２０１４年6月、安倍政権は「骨太の方針」の一環として、「法人税を数年以内に20％台に下げる」と発表しました。

ここでは、減税要求をしている経済界の代表的なリーダーたちの声を具体的に紹介します。それらの中には、実効税負担率が著しく低い大企業や、税務当局から大きな「申告漏れ」を指摘された大企業もありました。

住友化学

「実効税負担率が低い大企業」のリストには登場しないのに、住友化学を最初に取り上げる理由は、同社の相談役が、経団連会長をつとめた米倉弘昌氏だからです（経団連会長在任期間２０１０年５月～２０１４年６月）。

住友化学は大手総合化学メーカーで、三井住友銀行と住友金属工業（現新日鐵住金、グループより離脱）とともに住友グループの〝御三家〟のひとつです。

ちなみに住友グループでは、「２０１３年３月期の実効税負担率の低い大企業」の中に、１位・三井住友フィナンシャルグループ（０・００２％）、12位・住友商事（13・52％）、21位・住友金属鉱山（22・38％）、35位・三井住友銀行（31・52％）の社名が上がっています。

また、５期通算の方でも、４位・三井住友フィナンシャルグループ（1・33％）、６位・三井住友銀行（7・57％）、13位・住友金属鉱山（25・15％）、15位・住友商事（27・58％）の名前があります。

米倉氏は、２０１３年６月、経団連会長としての記者会見で、企業減税を検討する税制改正（２０１４年度）を前倒しすると表明した安倍首相に対して、こう話しています。

「投資減税だけでなく、法人税減税も対象になると思う。（中略）激しい国際競争に勝つために、法人税減税を検討して、一刻も早く実現してほしい」

しかし、住友グループを見るだけでも、法人税の実効税負担率が「０・００２％」、「１・33％」などと極めて低いのですから、日本の法人税の現状は、まるで〝タックス・ヘイブン（租税回避地）〟ではないでしょうか。果たしてこの上、減税する必要があるのでしょうか。

みずほフィナンシャルグループ

みずほフィナンシャルグループの佐藤康博執行役社長（グループＣＥＯ）は、２０１３年1月、産業競争力会議の初会合で、「法人税を下げ、国内雇用につなげる政策が必要だ」（読売新聞２０１３年1月24日）と意見を表明しました。

金融機関は、１９９０年代後半からの不良債権処理で巨額の赤字を出し、みずほ銀行とみずほコーポレート銀行の二行は、ピーク時の繰越欠損は合計で5兆円にものぼりました。不良債権処理が峠を越した２００７年3月期以降、リーマンショック後を除けば大手銀行は黒字が続きましたが、二行は欠損金の解消には至らなかったために納税をせず、社会的な批判を浴びてきました。法人税の納付を再開したのは、みずほコーポレート銀行が2012年から、みずほ銀行は2013年からで、実に十数年ぶりのことでした。

その間の実効税負担率（表2-a）を見てみましょう。

みずほフィナンシャルグループは、5期通算の「実効税負担率が低い大企業」で、1位です。税引前利益が1兆2218億5500万円もあるのに、納税した法人税等は2億2500万円と、実効税負担率はわずか「0・02%」にすぎません。

そればかりか6期通算では、受取配当金が1兆4463億2400万円と、同じ期間の税引前純利益（1兆4637億5200万円）とほぼ同額ありました。

さらに、みずほフィナンシャルグループの金融機関を個別に見ると――。みずほ銀行は、5期通算で実効税負担率の低い企業3位（0・52%）、みずほコーポレート銀行は7位（10・49%）です。金融グループの持株会社を筆頭にして、主要2行が10位以内に入っているのです。しかも、みずほフィナンシャルグループの佐藤社長は、みずほ銀行の頭取も兼任していました。

学生の就職希望先として、金融機関は垂涎の的です。なかでもみずほグループは、就職希望先としては、トップクラスの人気があります。

金融機関は、国民の生活や企業活動に直結するだけに、金融不安や破綻があっても、ほとんどのケースが公的支援等によって救済されます。しかも一般的に、給料も高いというのが、学生に就職希望先として好まれる理由でしょう。

資本主義社会にとって、金融は、〝経済の血液〟も同然です。血液がなければ、国も世界も成り立ちません。金融機関は、生産には直接的に寄与しているわけではないのに、金融によって経済をコントロールできるほど巨大な力を持つに至りました。

しかし、みずほ銀行は2013年、またもや反社会的勢力との関係が明るみに出ました。「法人税を下げ、国内雇用につなげる政策が必要だ」と言う以前に、企業として社会的責任を果たす必要があるのではないでしょうか。

三菱商事

外国との取引が多く、海外での合弁事業なども行っている商社は、いずれも実効税負担率は低くなっています。ここでは個別の企業の経営者の発言を見ていきましょう。

小林健・三菱商事代表取締役社長のコメントが、読売新聞（2011年10月16日）に掲載されました。

「高い法人税の実効税率を引き下げ、国際競争力を失わないようにする政策を期待する」

さらに、小島順彦《よりひこ》取締役会長（経団連副会長）のコメントも、毎日新聞（２０１２年９月20日）で、次のように紹介されています。

「日本企業が製造・販売拠点を海外に移転する動きが生じている。その背景には、自由貿易協定（ＦＴＡ）締結の遅れ、高い法人税、電力供給問題などが国内企業活動の障害となっていることがある」

三菱商事は、「実効税負担率の低い大企業」リストには入っていませんが、受取配当金は、２００８年３月期～２０１３年３月期までの６期通算で、４位の２兆８７４億２５００万円もありました。税引前純利益（１兆６１３１億３８００万円）の１２９・４％もある巨額なものでした。企業利益の半分以上が、初めから課税除外になることについては、お二方とも当然のことと思われているのか、言及はありません。

同社の社長や会長の減税要求は、自社の法人税額の少ない事実は差し置いて、「他社のために」という意味の発言なのでしょうか。

三井物産

同社は、三井グループの中核として、日本初の商社として明治期からグローバル展開してきました。

その三井物産の課税除外となる受取配当金は、２００８年３月期からの６期通算で７位の１兆６２７５億２５００万円もありました。

三井物産の取締役会長をつとめる槍田《うつだ》松瑩《しょうえい》氏は、日本の貿易に関する民間中枢機関ともいえる日本貿易会の会長でもありました。

法人税は、２０１２年３月まで40・69％でしたが、同年４月からは38・01％に引き下げられています。その年の12月に政権を民主党から奪取した自民党の安倍政権は、２０１３年度に復興特別法人税が終了して法人税が35・64％に低くなることを踏まえてか、２０１３年６月、閣議決定で法人税減税は一旦先送りされた経緯があります。

この時、槍田会長は、さらなる法人税減税がなかったことが不満だったようです。閣議後、こう話しています。

「法人税減税などを通じて海外との競争環境格差の縮小につとめる（ことを政府に）期待する」

アベノミクスの成長戦略についても、「方向性自体は妥当なものと考えるも、踏み込み不足の分野もある」と、民間活力を引き出すために、規制改革の早期実現によって、企業活動への後押しを求めました。

槍田氏が会長をつとめていた日本貿易会は、１７０社・団体で構成され、その会長は、七大商社（三菱商事、三井物産、伊藤忠商事、住友商事、丸紅、豊田通商、双日）の社長が持ち回りでつとめるならわしになっています。

七大商社の中では、前述したように、２０１３年３月期の実効税負担率で、住友商事（12位　13・52％）、丸紅（16位　19・31％）、伊藤忠商事（24位　25・21％）がランクインし、５期通算では、丸紅（11位　23・53％）と住友商事（15位　27・58％）の社名が上がっています。

参考のためにあげれば、総合商社の６期通算の受取配当金は、三菱商事（４位　２兆８７４億２５００万円）、三井物産（７位　１兆６２７５億２５００万円）、伊藤忠商事（14位　８１７２億４１００万円）、住友商事（20位　５１７２億２５００万円）、丸紅（21位　５１１３億７９００万円）でした。

日産自動車

1999年、日産自動車は再建のため、フランスのルノーと資本提携し、ルノーの傘下に入りました。そのとき、ルノー本社からやってきたのが、現CEOのカルロス・ゴーン氏（代表取締役会長兼社長）です。

同社で、代表取締役をつとめる4人のうち2人が日本人で、そのひとりが志賀俊之現副会長です。

志賀氏（当時COO）は、日本の法人税について、朝日新聞（2013年7月1日）で、次のような見解を披露しています。

「日産も売り上げの半分、営業利益も6割を海外で稼いでいるが、海外子会社から配当などの形で国内に利益を戻し、納税もしている。（中略）日本の法人税は競争力を失っている。海外並みに下げて日本にも投資機会があると説明できるようにしないと」

その実効税負担率は、2013年3月期は18位の20・45％、5期通算では18位の28・85％でした。

志賀氏は、「納税もしている」と言っていますが、同社の2013年3月期の実効税負担率を海外の法人税と比べると、韓国・ソウル特別市の24・20％やイギリスの23・00％より、低いのがわかります。

「海外子会社から配当などの形で国内に利益を戻し」ているのは事実で、受取配当金は２００８年３月期から６期通算で１兆４２８億５５００万円にものぼりました。しかし、海外子会社からの場合、日本では課税が除外されていることはすべに述べたとおりです。

日産自動車が、１９９９年以降再建できたのは、ゴーンＣＥＯの辣腕という見方もありますが、効率主義的な〝豪腕〟に対しては、評価する声ばかりではありません。ちなみに、ゴーンＣＥＯの２０１３年度の役員報酬は９億９５００万円と明らかにしています。これまでも高額でしたが、ご本人の弁によれば、「それでも少ない」ということです。

トヨタ自動車

豊田章男・代表取締役社長は、豊田自動織機を創業した豊田佐吉の曾孫にあたり、トヨタ自動車を創業した豊田喜一郎の孫にあたります。２０１２年からは、日本自動車工業会会長もつとめました。経営手腕についての評価はさまざまですが、国際Ｃ級ライセンスを取得しているように、運転の楽しみを重視している方です。

産経新聞（２０１３年１月９日）に掲載された豊田社長のコメントは、自動車産業が置かれた状況を「六重苦」と表現しました。六重苦とは、円高、電力不足、重い法人税負担、自由貿易協定の遅れ、労働規制、環境規制です。

このコメントは第二次安倍政権の誕生直後のものでしたが、その後、円安が進み、２０１４年３月期の連結業績は、本業のもうけを示す営業利益が過去最高の２兆２９２１億円となり、純利益も１兆８２３１億円とこちらも過去最高でした。

豊田社長は、「六重苦」とわが身の不運ばかりを強調します。しかし、リーマンショック（２００８年）後、いまだに立ち直れない中小企業が大多数の中で、トヨタ自動車は、２００８年３月期からの６期通算の税引前純利益が２兆５１８３億７１００万円、また同時期の受取配当金はほぼ同額の２兆３２４６億７９００万円もありました。なんと、三菱東京ＵＦＪ銀行の受取配当金（２兆８３００億３０００万円）に次いで２位なのです。

２０１３年３月期には税引前純利益が１兆４０３６億４９００万円もあったのに、納税した法人税等は３９１６億７８００万円で実効税負担率は27・90％でした。

本田技研工業

ホンダの伊東孝紳《たかのぶ》・代表取締役社長は、朝日新聞（２０１１年10月５日）で次のような発言をしています。

「採算面だけを考えれば、法人税の高さなどの逆風はある。それでも『日本のホンダ』として本社を日本に置き、その個性を大事にして、商品を開発していきたい」

〝技術のホンダ〟〝世界のホンダ〟と言われるだけに志は高い、と評価したいと思います。

その反面、実効税負担率は、２０１３年３月期では25・72％（25位）、５期通算では29・68％（19位）でした。

そのホンダは、中国に設立した関連会社との取引に関して東京国税局の税務調査を受け、２００８年４月25日、「技術指導などを関連会社へ提供した対価として得られる利益を少なくして所得を圧縮していた」と指摘されました。申告漏れの指摘額は２００６年３月期までの５年間で約１４００億円と見られて、移転価格税制にもとづいて指摘されたケースの最高額でした。

問題となった「移転価格税制」とは、国内企業が国外の子会社や関連企業と取引する際に、取引価格を操作することによって所得を圧縮するケースなどを防ぐために設けられた税制です。税務当局は、海外の子会社・関連会社が、ホンダ本社側から部品や技術指導など有形・無形の資産提供を受けているのに、それにともなうホンダ本社側への利益配分が少ないと判断したと見られています。

なぜ、ホンダ本社側への利益が少ないと税務上の問題があるのでしょうか。国内から海外の子会社・関係会社へ部品や技術指導を割安に提供すると、本社の利益は縮小されます。一方で、海外の子会社・関連会社にとっては、〝仕入れ〟が格安になって、利益率が高くなります。ホンダ本社側にとっては、課税ベースとなる所得を抑えながら、海外からの株式配当は多くなり、しかもその配当額は課税対象とはならないので、一挙両得というわけです。一般論ですが、海外の子会社・関係会社から、利益をタックス・ヘイブンの金融機関に送金すれば、〝資産隠し〟することも可能です。

HOYA

移転価格税制によって申告漏れを指摘された大企業はほかにもあります。

HOYAの最高財務責任者（CFO）だった江間賢二氏（2013年6月退任）は、朝日新聞（2013年6月3日）の「超国家企業と雇用」というインタビューに、こう答えています。

「欧米の株主は税もコストという感覚。少なくとも税の支払いも欧米企業並みにしないと、投資をしてくれない。企業は環境に適応するしかない。税をどこに払うか、生産や雇用をどこでするか、企業は国を選べる時代だ」

ＨＯＹＡの実効税負担率は、私がこれまで調査してきた中で低い傾向にありました。

その「実効税負担率の低さ」に、国税局は目をつけました。２０１３年６月、ＨＯＹＡは、海外子会社との業務委託契約をめぐって、国税局から２００億円の申告漏れを指摘されました。具体的には、日本で研究開発した無形資産である「製造技術」を、契約にもとづいて東南アジアの子会社に帰属させていましたが、それを国税局は、「日本で申告すべき製造技術に関する対価を、国外へ移転させた」と判断し、「移転価格税制」を適用したのです。

ちなみに、ＨＯＹＡの６期通算の税引前利益は２８５５億７４００万円あり、受取配当金は２００７億５９００万円でした。

同社に対して私が何度かメディアで指摘した効果があったのか、５期通算および２０１３年３月期の「実効税負担率の低い大企業」のリストには、入らなくなりました。

なお、海外の子会社やタックス・ヘイブンを経由して利益を減収させる仕組みについては、第３章で詳述します。

ファーストリテイリング

ユニクロを世界展開するファーストリテイリングの柳井正・代表取締役会長兼社長も、法人税に関しては、強硬意見の持主です。朝日新聞「be」（2010年5月22日）で、声を荒らげています。

「企業の競争力をそぐような議論さえある。日本では法人税の実効税率は40％にもなる。ドイツ、イギリス、中国や韓国は20％台。これでは競争できるはずがない。ただでさえ高い日本の税率をさらに上げようという意見さえある。企業に『日本から出ていけ』といっているのと同じだ」

しかし、同社の実効税負担率を見ると、2013年3月期では、税引前純利益は756億5300万円もありながら、納税した法人税等は52億3300万円とわずか6・92％でした。柳井氏が例としてあげた「ドイツ、イギリス、中国や韓国」の法人税率（20％台）の3分の1以下なのです。

「競争できるはずがない」とおっしゃるわりには、前述のように、柳井氏は日本でトップの大富豪です。

一般の人は、今の法人税でも、「充分すぎるほど競争できている」から、大富豪になれたと考えるでしょう。

日本航空（ＪＡＬ）

日本航空とその子会社の日本航空インターナショナル、ジャルキャピタルが、東京地裁に会社更生法の適用を申請したのは、２０１０年1月でした。

かつては国策会社として日本と世界を結び、その海外支店長は日本の駐在大使よりも現地で存在感を示した時期もありました。〝鶴丸〟は、政府によって〝操縦桿〟を握られて拡大し、迷走を続けた果ての破綻でした。

日本航空を再建するために、時の鳩山由紀夫首相から要請されて、日航の会長をつとめたのが、京セラを創業した稲盛和夫氏（現名誉会長）でした。氏は無給で会長をつとめ、同社を再生させたという功績は誰もが認めるところです。

その稲盛氏が、「週刊朝日」（２０１３年3月22日号）のインタビューで、「倒産企業として法人税減税の特別措置を受けた」という点を問われて、次のように釈明しています。

「倒産後も飛行機を飛ばし続けるには資金が必要で、国から３５００億円をお借りしましたが、会社更生法が適用され、社員たちが必死に頑張った結果、公的資金は金利をつけて国庫へ全額お返ししました。ただでいただいたお金は一銭もありません。つぶれた会社がよみがえり、財務的に強くなることが、他の航空会社に直接何らかの被害を与えたかというと、そうではないと思うんですよ。ＪＡＬが不当な値引きをしたり、規模を拡大したりしていれば、話は別ですけど……」

稲盛氏の前向きな発言とは裏腹に、２０１１年度の法改正により、欠損金の繰越しができる期間は9年に延長されました。つまり、日本航空は２０１８年度まで、法人税を支払わなくても済むのです。同社の収益見通しに基づけば、２０１２年度以降は、年間４００億円以上、7期合計で約３１１０億円分の法人税負担が軽減されることになります。

稲盛名誉会長の「文藝春秋」（２０１２年8月号）での発言、「一般の赤字会社と同じ扱いを受けているだけ」とは、開き直りに聞こえてしまいます。法人税の大幅減税は、国から補助を受け続けているのと同じと言ってもよいでしょう。

その一方で、日本航空の旧株主に対しては、破綻によって株券が紙切れになったにもかかわらず、何の補償もありません。国策によって拡大路線を押しつけられた挙句の破綻だったという大失態への罪滅ぼしなのか、国から日本航空への保護は何と手厚いことでしょうか。

稲盛氏が創業し、名誉会長をつめとる京セラも、実は、実効税負担率が低い企業として登場しています。２０１３年３月期では、22位の23・46％でした。

このように見ていくと、「法人税が高い」と声高に主張している巨大企業こそ、実際には、驚くほど軽い税金しか納めていない実態が明らかになっています。

第3章　大企業はどのように法人税を少なくしているか

巨大企業の負担は法定税率の半分以下

法人の税率は同じはずなのに、なぜ大企業ばかりを問題にするのかと疑問に思われた方もあると思います。その疑問を解くために、全法人企業の資本金の規模別に、法人税の平均的な実効負担がどうなっているのか、分析してみましょう。

企業が負担している税には、国税の法人税、地方税の法人住民税と法人事業税がありますが、地方税の事業税率と住民税率は地方自治体によって税率が異なります。そのため、同一の法定税率である国税の法人税（基本税率は25・5％）について検討を加えました。

日本の企業が負担している法人税（2012年度）を、企業の資本金の規模別にみたのが図1で、元になったデータが表4です。

図1の棒グラフは富士山型をしていて、左端にある資本金「1000万円以下」の企業が〝中腹〟からスタートして、「1億円超5億円以下」の中堅企業でピークとなり、それより資本金が多くなるにしたがって急激に下落しています。

日本では、中小企業とは「資本金の額又は出資の総額が三億円以下の会社」と、中小企業基本法（第2条1項）で定められています。その意味では、中小企業と大企業の境界線にある資本金「1億円超5億円以下」の中堅企業が、法定基本税率（25・5%）とほぼ同率の25・29%（外国税額を含めると25・44%）を負担していて、法人税負担率がもっとも高いのがわかります。

法人税実効負担率を企業の資本金の規模別にみると、なぜこのような山型をしているのでしょうか。

資本金1億円以下の法人には、中小企業に対する軽減税率（年所得800万円以下の部分は15%に軽減）が適用されるため、法定基本税率（25・5%）より低くなるのは当然といえます。ところが、資本金「100億円超」の巨大企業の法人税実効負担率（9・67%）が、「1000万円以下」の企業より半分以下であることが、日本の税制の問題なのです。

大企業の法人税実効負担率が低いのは、企業が公表している利益と、税務上の課税所得に大きなギャップが存在するからです。

このような差額が生じるのは、税務上で受取配当金のような「益金除外」や、繰越し欠損金を利益から差し引く「損金算入」などが行われているからです。これらの処理は、企業が抱える専門の会計担当者によって、税法の網の目をくぐり抜けるよう巧みに行われて

表 4.　資本金階級別法人税平均実効負担率（2012 年度分）

資本金階級別区　分	申告所得金額（百万円）	推定企業利益相当額（百万円）	外国税額を除く負担率		外国税額を含む負担率	
			法人税相当額（α）（百万円）	法人税平均実効負担率（%）	法人税相当額（β）（百万円）	法人税平均実効負担率（%）
1,000 万円以下	5,074,878	5,514,267	1,111,506	20.15	1,112,502	20.17
5,000 万円以下	4,413,957	4,742,133	1,089,445	22.97	1,091,706	23.02
1 億円以下	2,934,596	3,162,636	741,889	23.45	747,179	23.62
5 億円以下	3,215,947	3,398,693	859,707	25.29	864,827	25.44
10 億円以下	1,302,659	1,435,122	331,735	23.11	333,376	23.22
100 億円以下	5,911,370	6,747,343	1,237,794	18.34	1,311,326	19.43
100 億円超	17,910,151	25,942,944	2,511,071	9.67	2,995,497	11.54
合　計	40,763,558	50,943,138	7,883,147	15.47	8,456,413	16.59

注 1)　企業規模は便宜上、資本金の大きさにより区分。

注 2)　法定税率は 2012 年 4 月 1 日から 2015 年 3 月 31 日までの間に開始する事業年度は、30% から 25.5% に引き下げられた。資本金 1 億円以下の法人には中小企業の軽減税率（年所得 800 万円以下の部分 15%）が適用される。

注 3)　法人税平均実効負担率は以下より算出。

$$\text{法人税平均実効負担率} = \frac{\text{法人税相当額（国税のみ）}}{\text{推定企業利益相当額}}$$

注 4)　% の小数 2 位未満を切り捨てている。

出典：国税庁「会社標本調査」（2012 年度分）および 2014 年 2 月内閣が国会に提出した「租税特別措置の適用実態調査の結果に関する報告書」（2012 年度分）を基に分析整理して作図

図１．資本金階級別法人税平均実効負担率（2012年度分）

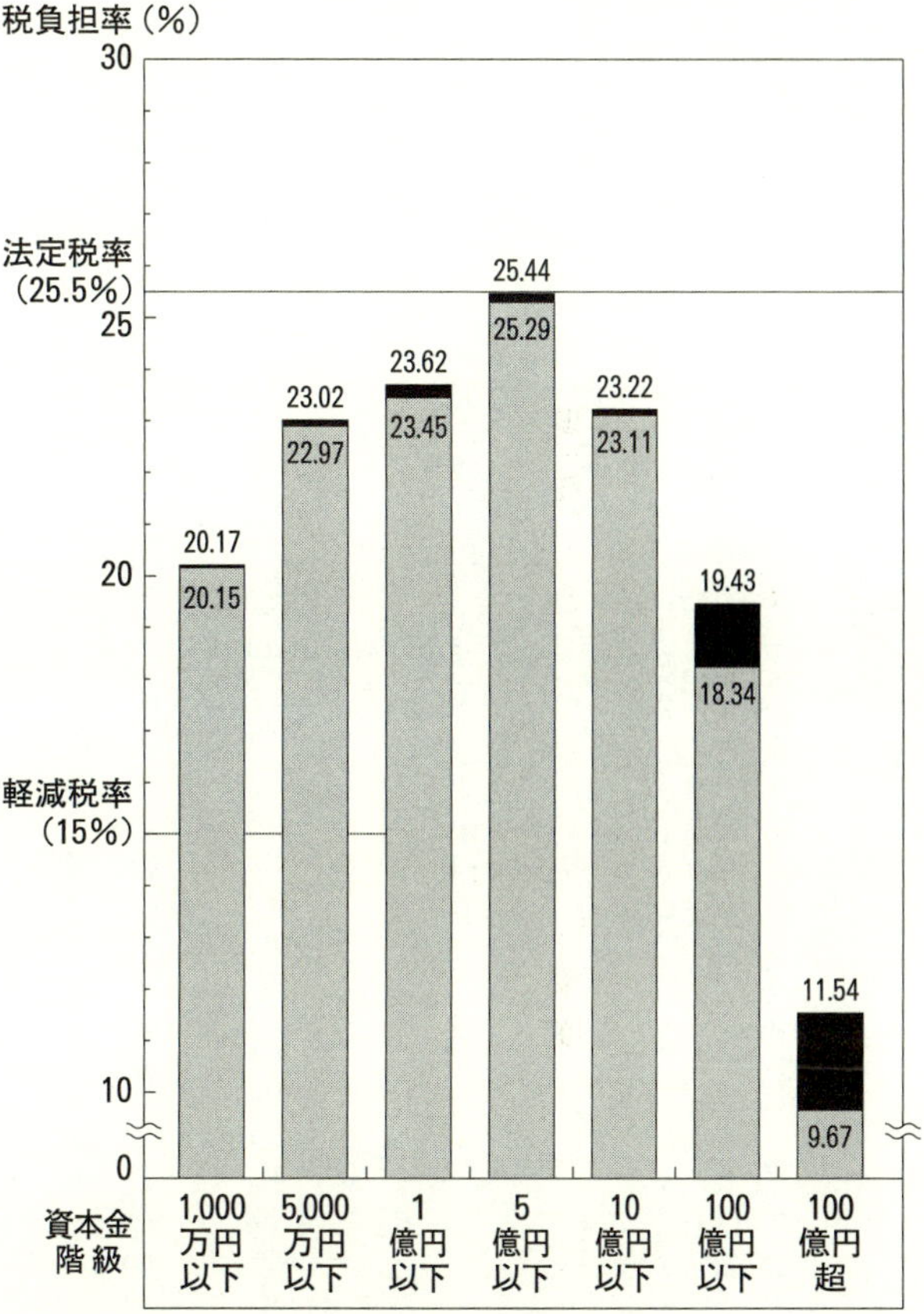

注）■部分は「外国税額」相当分を示す。

います。

　私が大企業の問題を取り上げるのは、日本の法人税制が大企業を優遇する一方で、中小企業には優遇措置が適用される条件が整っていないために、法定税率に近い税率が当てはめられているからです。日本の法人税の現状は、「巨大企業が極小の税負担」なのに対して、「中堅・中小企業が極大の税負担」となっていて、企業規模別の視点から見れば「逆累進構造」となっています。

　税制上の公平とは、所得が大きい企業が多く負担するという「応能負担」が原則です。その意味では、日本の税制の現状は、とても公平とは言えません。

税逃れの手口と税法上の問題

「日本は法人税が高い」というイメージが国内外に浸透しています。たしかに、日本の法人税制は、名目的な「法定正味税率」を高く設定していますが、とくに大企業が負担している税金は、諸外国と比較しても決して高くはありません。第1章で、大企業の実効税負担率を紹介したとおりの低レベルです。

　企業が納税する際の納税額は「課税所得×税率」で算出されます。

この数式でもわかるように、たとえ税率が高くても、課税ベースである課税所得を低く抑えることができれば、実際の納税額を少なくすることが可能です。実際に、大企業の納税額が少なく、実効税負担率が低いのは、課税所得を少なくできるからです。それだけに問題なのは、課税所得の正体なのです。

課税ベースを〝合法的〟に少なく算定する仕組みとして、企業側の会計操作や優遇税制の拡大適用、巧妙な手口、それらに対応できない税法上の欠陥などがあります。企業が納税額を少なくする方法には、大きく分けて次の9項目があります。

①企業の会計操作
②企業の経営情報の不透明さ
③受取配当金を課税対象外に
④租税特別措置法による優遇税制
⑤内部留保の増加策
⑥タックス・イロージョンとタックス・シェルターの悪用
⑦移転価格操作

⑧ゼロ・タックスなどの節税スキーム

⑨多国籍企業に対する税制の不備と対応の遅れ

これらのうち、大企業に有利な制度となっているのが③と④、⑨。それに対して、企業側が意図的に節税しようとするテクニックが⑤、⑦、⑧。両方の側面を持つのが①と②、⑥です。

それでは、理解しやすいように、それぞれの仕組みについて紹介します。

①企業の会計操作

納税は自主申告が原則です。申告の基礎となる決算については、企業側が会計方法を選択できるという「企業経理自由」の余地が大きいために、決算利益を大幅に操作することが可能になっています。

大企業には、経理のエキスパートがいます。彼らは税務会計の細部にまで通じていて、海外の税制度にも詳しい。ときには、国税当局の大企業担当者も太刀打ちできません。その彼らが最も腐心しているのが、実効税負担率計算の基礎となる「課税所得」をいかに低く抑えるかです。

②企業の経営情報の不透明さ

個別企業の経営情報は、有価証券報告書で開示することを義務づけられていますが、その情報は不統一で、かつ不透明な部分が多々あります。一般に経営情報は企業内部の機密に属することも多く、公表する資料も限定的です。そのため、税務当局による税務調査を除けば、外部から経理の内容をチェックすることは不可能です。

③受取配当金を課税対象外に

受取配当金については、これまでにも断片的に触れてきましたが、ここでまとめて記します。

受取配当金は、「受取配当金益金不算入制度」によって、企業が、国内にある他社の株式を保有している場合に、その受取配当金を課税益金に算入しないでもいいという制度です。その受取配当金益金不算入の割合は、子会社や関係会社の株式等にかかわる配当については、１００％の「法人間配当無税」が認められています。また、子会社や関連会社以外の企業の株式についても、50％が益金不算入となっています。

さらに、一定の要件を満たす海外の子会社についても、「外国子会社配当益金不算入制度」によって、受取配当金の一律95％を益金に算入しなくてもいいと定められています。

この章の冒頭で示した図1、表4に「外国税額」の項目があったのを思い出してください。これらのデータからもわかるように、大企業は、海外にある子会社や関連会社から得られる配当金が多い可能性があります。

このようにして、企業グループ内の各企業が、株式を保有しあえば、各企業の利益による配当金を、グループ内の企業でほとんど税金を支払わずに内部留保することも可能になります。受取配当金の益金不算入制度については、目下の法人税制改革の最大のテーマの一つになっています。

受取配当金がどれほど巨額であるか、詳細にみましょう（表5）。

国税庁の資料などをもとにした私の試算では、2003年度から9年間の企業の受取配当金の合計額は65兆5495億円に達し、このうち巨大企業（資本金10億円以上の法人とその連結決算に組み入れられる法人）だけで、約9割に相当する57兆7418億円を占めています。

表5.　巨大企業の受取配当金とその課税対象除外分 （2003〜2011年度）

年度区分	受取配当金		無税配当額		無税割合		（参考）法人税収の空洞化の状況	
	全体分	巨大企業分（対全体比）	全体分	巨大企業分（対全体比）	全体分	巨大企業分	法人税収の総額	無税配当の対税収比
	億円	億円	億円	億円	%	%	億円	%
2003年度分	2兆5,145	1兆9,759（78.5%）	2兆2,384	1兆7,608（78.6%）	89.0	89.1	10兆1,152	22.1
04	6兆5,085	5兆7,725（88.6%）	2兆8,211	2兆3,659（83.8%）	43.3	40.9	11兆4,437	24.6
05	5兆9,944	5兆4,686（91.2%）	4兆3,439	4兆0,233（92.6%）	72.4	73.5	13兆2,736	32.7
06	10兆1,787	9兆0,478（88.8%）	6兆6,221	5兆8,712（88.6%）	65.0	64.8	14兆9,179	44.3
07	11兆5,975	10兆2,806（88.6%）	8兆3,074	7兆2,765（77.5%）	71.6	70.7	14兆7,444	56.3
08	9兆0,027	7兆8,890（87.6%）	7兆3,608	6兆6,026（89.6%）	81.7	83.6	10兆0,106	73.5
09	5兆9,650	5兆2,527（88.0%）	4兆7,540	4兆2,192（88.7%）	79.6	80.3	6兆3,564	74.7
10	6兆9,542	5兆9,378（85.3%）	5兆8,743	5兆0,982（86.7%）	84.4	85.8	8兆9,667	65.5
11	6兆8,340	6兆1,169（89.5%）	5兆7,759	5兆2,361（90.6%）	84.5	85.6	9兆3,514	61.7
計	億円	億円	億円	億円	%	%	億円	%
	65兆5,495	57兆7,418（88.0%）	48兆0,979	42兆4,538（88.2%）	73.3	73.5	99兆1,799	48.4

注1）　受取配当金と、このうち課税除外となる「無税配当額」につき2003年度分から2011年度分まで9年間にわたり全法人分と巨大企業分（資本金10億円以上と連結法人）とに区分して調査表示。

注2）「受取配当金」「無税配当額」（全体分、巨大企業分）の億円未満は切り捨て、「法人税収の総額」の億円未満は四捨五入。「%」の小数1位未満は切り捨て。

出典：財務省資料・国税庁「会社標本調査」を基礎資料とし分析作表

そして、この制度を利用した課税除外分は48兆９７９９億円あり、このうち巨大企業が約9割の42兆４５３８億円を占めました。

この受取配当金を課税対象にすれば、国税の法人税だけで12兆４８３０億円もの財源がまかなえたはずでした。

２０１４年に消費税が５％から８％に増税されましたが、内閣府は増税による消費の落ち込みがなければ、４兆円の税収増を推計していました。

受取配当金を課税対象にした場合の法人税額は、増収税推計額の実に3倍以上の金額です。ということは、巨大企業の受取配当金を課税所得にすれば、増税をする必要などなかったのです。

上昇する配当性向

さらにマクロ的に見てみましょう。

このところ、受取配当金の益金不算入額は膨大になっています。企業の業績には大きな変化がないのに、受取配当金は２００３年度の2兆５１４５億円から毎年のように急速に増大化し、２００７年度は、11兆５９７５億円に達しました。

別の資料によると、２００７年３月期の東京証券取引所上場企業１６０２社の平均配当性向（利益を株主に配当する割合）は24・６％に過ぎなかったのに、２００８年３月期には27・98％にまで上昇しています。

これが景気後退期の２００９年３月期になると、配当性向が極端に高く、２３５２・07％にまで上昇しています。実に、純利益の23・５倍以上の配当額です。これは、純利益の減少（製造業が赤字転落）が響いて、相対的に受取配当金の割合が増大したことによります。

その後は、２０１０年３月期が51・51％、２０１２年３月期が52・37％と続いています。２０１４年３月期は、東証上場企業１６８３社の当期純利益が20兆８７５億円と急増したため、配当金は史上最高の５兆７９１３億円となりましたが、配当性向は28・44％にとどまっています。それにしても、最近の高額配当は異常と言えます。

２００１年の改正商法の規定を継承した会社法が２００６年に施行されてから、これまでの利益の配当に加えて、さらに、「資本の払戻し」や「資本準備金の減少分」までもが「剰余金の処分」として配当財源になり、まさに〝利益がなくとも配当が可能〟になったと考えられます。

配当金の増大に象徴されるように、近年、日本の社会には異常な変化が進行してきて、日本の企業経営者の意識が大幅にアメリカナイズされてきているのを感じます。バブル崩壊と「失われた10年」以降は、日本企業も、短期により多くの利益を求めるアメリカ型経営への傾斜と、株主重視の傾向が急速に強まってきています。その現象として「配当性向の増大」によって株主への配当金の大幅な増額が行われる一方で、「労働分配率の減少」が進行し、非正規雇用といわれる派遣労働者や契約労働者、パート従業員などの給与水準が低下しています。偏った富の集中が進行している証拠です。

二重課税のケースはまれ

株の保有割合についても、日本における全上場企業の個人株主の持株比率はわずか20％程度にすぎないのに対して、80％近くが法人株主となっています。法人株主偏重の状況は、ここ20年以上も変わっていません。

「受取配当金益金不算入制度」（法人間配当無税）は、法人企業と株主個人の二重課税排除のために設けられた側面もありました。しかし今では、大企業の利益の多くは、個人株主に帰着していないのですから、もはやこの制度を適用する根拠は失われたに等しいのです。それにもかかわらず、依然としてこの制度が実施されているのは、大企業を優遇するばかりで、国民に負担を押しつける結果になっています。

私は、巨大企業の受取配当金は課税対象にすべきだと主張しています。

④租税特別措置法による優遇税制

租税特別措置は、政府が経済的な効果を期待して、公共政策として取り入れた、税法の例外措置です。例外的に税負担を低くしているのは、特定の企業を優遇する目的ではありません。

ところが、２０１２年度の租税特別措置による政策減税について、総額と１社当たり減税額をみると、この優遇税制の実態がわかります（表６）。資本金１００億円超の大企業が、政策減税による同年度の減税額全体（１兆３２１８億８２２３万円）の47・72％を占める６３０７億８８６４万円もの恩恵を受けているのです。

大企業の定義のひとつとして、「資本金3億円以上」があります。その定義に照らして言えば、「3億円超5億円以下」（1・57％）、「5億円超10億円以下」（2・70％）、「10億円超１００億円以下」（13・98％）、そして前述の「１００億円超」（47・72％）を合計すると、注 1) 租税特別措置による減税が特定業種・特定企業に偏り、長期化し、ますます巨額になり、不公平税制の元凶になっている。その適用状況の透明化等を目的として、2011 年度分より「租税特別措置の適用実態調査の結果に関する報告書」が内閣から国会に提出され、その実態が明らかになった。

注 2) 2014 年 2 月、内閣から国会に提出された 2012 年度分上記報告書のうち「業種別・資本金階級別適用条件数及び適用額」に基づき、資本金階級別に分類、集計した。

注 3) 2012 年度の「適用件数」は 1,323,396 件、「適用額」は 6 兆 1,117 億 8,899 万円。この「適用額」にそれぞれ換算税率を乗じて換算すると「減税相当額」が 1 兆 3,218 億 823 万円に達する。

注 4)「減税相当額」は「適用額の種類」ごとに次のように換算した。

- 試験研究費その他の「租税特別措置による税額控除額」は、適用額を「減税相当額」にした。
- 軽減税率が適用される「特例対象所得金額」は、法人税法上の軽減税率 19% と租税特別措置法上の特例税率 15% との差である 4% を乗じて「減税相当額」に換算した。
- 上記以外の適用額については、それぞれの適用額に基本税率 25.5% を乗じて「減税相当額」に換算している。

注 5) 端数処理について

- 内閣から国会に提出された「租税特別措置の適用実態調査の結果に関する報告書」の「業種別・資本金階級別適用件数及び適用額」において、資本金階級別「適用額」の千円未満の端数を切り捨てて表示されている。
- 「減税相当額」への換算にあたり、千円未満を 4 捨 5 入している。

表6.　資本金階級別「租税特別措置」適用による減税相当額と1社当たり減税相当額（2012年度分）

資本金階級	減税相当額		適用法人数	1社当たり減税相当額
	金額（千円）	構成比率（%）		金額（千円）
1,000万円以下	220,390,169	16.67	761,001	290
3,000万円以下	85,302,879	6.45	118,094	722
5,000万円以下	47,780,977	3.61	42,453	1,126
1億円以下	70,628,157	5.34	25,598	2,759
3億円以下	25,622,645	1.94	2,433	10,531
5億円以下	20,783,431	1.57	1,127	18,441
10億円以下	35,679,489	2.70	826	43,196
100億円以下	184,831,749	13.98	2,270	81,424
100億円超	630,788,647	47.72	703	897,281
合計	1,321,808,233	100.00%	954,505	

租税特別措置による減税額全体の実に約３分の２もの恩恵を、大企業が独占的に受けていることがわかります。特に驚くべきことは、資本金１００億円超の巨大企業（７０３社）で１社あたり平均して８億９７２８万円相当もの巨額の減税を受けていることです。この数字からも、租税特別措置は、大企業のための優遇税制と言っても過言ではないでしょう。

　ちなみに、表６では、「１００億円超」に次いで、「１０００万円以下」の小規模企業が16・67％（２２０３億９０１６万円）と高くなっていますが、これは中小企業に対する軽減税率の特例措置の適用による効果だと思われます。１社あたりの軽減税額は低くても、適用法人数が圧倒的に多いので減税額の合計が多くなっているのです。適用法人総数の95万４５０５社のうち資本金１億円以下の中小法人が99・２％の94万７１４６社を占めています。

　この割合からみれば、０・３％しかない大企業が、租税特別措置による減税額の３分の２の恩恵を受けている、という言い方もできます。

　では、租税特別措置による政策減税とは具体的にどのようなものでしょうか。それは、次の２つに分類できます。

A．法人税の税額控除が適用されるケース

研究開発税制を利用した研究開発を行った場合や、エネルギー環境負荷低減推進設備を取得した場合、国際戦略総合特別区域において機械等を取得した場合、雇用者の数が増加した場合など。

B．法人税の繰り延べ（延期）が適用されるケース

このケースは、3つの制度があります。

・「特別償却制度」エネルギー需給構造改革への対応や環境対策の推進をした場合、償却限度額とは別枠の一定額が許容されます。

・「準備金制度」海外資源開発事業への投資や将来の特定の損失に備えるために積み立てる金額を損金に算入できます。

・「圧縮記帳制度」固定資産の譲渡益に対して直ちに課税を行わず、課税の繰り延べを行う制度。固定資産の譲渡益で、別の固定資産を購入すると、資産状態に変化がなくても納税だけが生じる不都合を防ぐために設けられてきました。

「租税特別措置法」に基づく優遇税制には、「海外投資等損失準備金」や「特別修繕準備金」、「原子力発電施設解体準備金」、「原子力保険に係る異常危険準備金」等があります。対象の業界は様々ですが、これらの恩恵を受けているのは、多くが大企業です。

準備金は、損金として算入されますから、その分、課税所得を少なくできます。たとえば、日産自動車の場合、〈租税特別措置法上の諸積立金等〉は、２０１３年３月期現在で、約５７６９億円にのぼっています。積立金を積み立てている限り、５０００億円超もが課税所得から減額されるのです。企業から見れば、この準備金は、まさに〝課税所得を減らしてくれる巨額の内部留保〟と言えるでしょう。

これら租税特別措置の中には、中小企業を対象として、機械等を取得した場合や、設備合理化・事業基盤強化などが含まれていますが、多くは、資本力や事業規模が大きい大企業向けの措置です。そのことが、大企業の巨額の減税額となって表れているのです。

⑤内部留保の増加策

内部留保といっても、現預金で企業にストックされているわけではありません。決算書にも、「内部留保」という勘定科目は通常ありません。

それでは内部留保とは何でしょうか。

企業が事業などによって得た利益から法人税をはじめとする税金を差し引いた残りを純利益といい、さらにそこから株主配当や役員賞与などを引いたのが利益剰余金で、これを内部留保といいます。

内部留保が多ければ、経営破綻などのリスクは避けやすくなる反面、内部留保を多くするためには、一般に、法人税などの税金を多く払わなければなりません。

そこで、企業が税金をかからないようにするには、お金を使って利益を減らす方法と、資産価値を減らさないように利益を減らす方法があります。

前者は、必要経費として認められている物品を購入したり、社員の福利厚生などに費用をかけることなどがあります。また、後者には、株式取得や設備投資などに利益を回すなどが行われています。この章でも説明したように取得した株式の受取配当金は大半が課税対象外になりますし、換金性もあります。設備投資は減価償却ができますし、研究開発費は新製品の開発につながったり、知的資産が増える可能性があります。

⑥タックス・イロージョンとタックス・シェルターの悪用

「タックス・イロージョン」（課税の浸蝕化）も「タックス・シェルター」（課税の隠れ場）

も、どちらも課税ベースを縮小させている元凶です。

タックス・イロージョンは、法人税制の欠陥や企業優遇税制などにより、国や地方自治体に入るべき多額の税収をいわば〝見逃してあげている〟仕組みと言えます。その点では、その負担能力に応じてより多く税金を負担するという、税の上での公平から逸脱しているといってもいいでしょう。

それに対してタックス・シェルターは、本来は課税逃れの金融商品のことですが、これを拡大して節税や避税の目的で意図的に利益を圧縮する巧妙な行為となっています。

代表的な手法としては、航空機や船舶のリース契約があります。企業や投資家が出資した匿名組合がこの手のリース業を始めると、航空機や船舶の減価償却費と借入利子などの損金がリース料の収益を上回り、匿名組合に出資した投資家の赤字が一定期間続きます。こうして、投資家にとっては課税が繰り延べされて節税効果が大きいうえに、減価償却後に航空機や船舶を売却できるので、最終的に利益が計上されるという仕組みです。

この手法を連続的に行うのが土地転がしです。所有する不動産を担保に借り入れた資金で不動産を購入するというやり方を連続して行えば、課税を逃れながら、多くの不動産を獲得することが可能です。ただし、この方法は、不動産価格が暴落すれば、赤字も雪だるま式に膨らむ危険をともなっています。

タックス・シェルターは、税金がきわめて安い海外のタックス・ヘイブンや、そこを悪用するゼロ・タックス・スキームという意味にも使われます。それについては、第5章でさらに詳しく述べることにします。

⑦移転価格操作

海外関連企業との取引価格の操作によって、課税所得を抑える手段が「移転価格操作」です。

簡単な例をあげると、日本にある親会社が、海外子会社に、他企業との取引よりも安い価格で原料や製品を卸すと、親会社の利益を減らして節税しながら、同時に海外子会社の利益を増やす、という〝一石二鳥〟が可能になります。こうして得た利益を、タックス・ヘイブンに設けたトンネル会社に集めるようにすれば、本来は課税の対象になる親会社の利益を、海外に移すことができるのです。

あるいは、海外の子会社や関連会社が利益を得れば、株式の配当という形で、受取配当金のわずか5%への課税で親会社の利益として還流させることも可能になります。

かつての円高から円安が進行した今では、海外子会社や関係会社からの配当金をドル建てで受け取ると、円安差益によって〝企業丸儲け〟となって笑いが止まりません。

税務当局は、所得の海外移転による税逃れを防ぐために、悪質なケースには移転価格税制を適用してきました。

第2章で触れたようにこの移転価格税制を適用されたのが、2008年、本田技研工業が中国関連会社の利益をめぐって、1400億円の申告漏れを指摘された事件でした。

⑧ゼロ・タックスなどの節税スキーム

大企業が税逃れをする手口には、さまざまなものがあります。税制の不備や、国家間の税制や租税条約の裏をかくようにして、まるで高いところから低いところに水が流れるように、大企業の収益が動くかのようです。

それらの手口のパターンをリストアップします。

・デリバティブという複雑な金融派生商品の造出や、投資ストラクチャーの操作による悪用。

・SPC（特別目的会社）、LLC（合同会社）、パートナーシップ等の多様な事業体や組織形態の濫用。

・タックス・ヘイブンの活用とトランスファー・プライシングの手口を複合的に利用して、海外子会社等に対して販売価格の引き下げや経費の架空計上を行い、売上高や収入を除外して経理上の利益を少なくする。

・国際二重課税の排除のための仕組みである外国税額控除制度の欠陥を巧みに活用し、控除額を拡大操作して税負担を軽減。

・外国子会社等の欠損を補うために、別の外国子会社等の利益を付け替える。

・企業グループ内において、法人の事業資金を捻出するために、別の外国子会社等で架空の経費を計上する。

・タックス・シェルター・ファンドをはじめ、不動産タックス・シェルター、設備リース・タックス・シェルター、研究開発タックス・シェルター等、多様なタックス・シェルターの活用による税逃れ工作。

・特定外国子会社等が製造業であるのに、タックス・ヘイブン税制よる課税を免れるために、この外国子会社を、意図的に課税適用除外の可能性がある卸売業と偽装。

象徴的な例を挙げておきます。

海外子会社からの受取配当金の益金不算入制度は、２０１１年４月１日から開始されました。この制度による無税配当総額は、２０１０～２０１１年度の２年間で７兆８８０１億円の巨額に達しています。そのうち巨大企業（資本金10億円以上と連結法人）分が98・4％、７兆７５２９億円を占めています。

グローバル巨大企業は、海外子会社を駆使する移転価格操作やタックス・ヘイブンの濫用等を含めた「アグレッシブ・タックス・プランニング」（Aggressive Tax Planning: ATP）と呼ばれる税源浸蝕と利益移転を積極的に展開しています。

⑨多国籍企業に対する税制の不備と対応の遅れ

大企業が海外に進出したり、海外企業が日本法人を設立して日本に進出すると、日本の税制だけでは対応できなくなることが多々あります。それこそ、多国籍化した大企業の思うツボで、税逃れのチャンスとなっています。

詳細は、第5章でグーグルやアップル等の具体例で紹介することにし、ここではその大きな問題点を指摘するにとどめます。

・巨額な受取配当収益を、二重課税排除のためと称して課税対象外としている。

・多国籍企業が世界で稼いだ所得を、特許権、商標権、ノウハウなどの無形資産の名目で、低税率国やタックス・ヘイブンのグループ企業に移転させることを見逃している。

・多国籍企業の世界的な税逃れを許している国際課税の欠陥と、その是正策の停滞。

企業エゴと経営者の社会的責任

企業が税金を少なくしている方法について見てきましたが、企業や経営者の経営思想や理念が、「税金ができるだけ少なければいい」という考え方に表れているように感じられてなりません。

企業活動の大きな目的は、言うまでもなく利益の獲得です。しかし企業は、利益だけ得られればいいのでしょうか。

ＨＯＹＡの江間賢二ＣＦＯ（当時）が、朝日新聞（２０１３年６月３日）でこのような発言をしています。
「欧米の株主は税もコストという感覚。少なくとも税の支払いも欧米企業並みにしないと、投資をしてくれない。企業は環境に適応するしかない。税をどこに払うか、生産や雇用をどこでするか、企業は国を選べる時代だ」

察するに、税金はコストだから安ければ安いほど良い、自分の企業さえ儲かれば日本経済が空洞化しても関係ない、という感覚なのでしょう。哀しいことに、これが現代の多くの大企業の経営者の本音だと思います。

確かに大企業といえども、タックス・プランニング（節税戦略）によって節税を図ることは正当な権利です。だからといって、タックス・ヘイブンなどを悪用したり、制度の不備を衝いた「避税」まで許されるのでしょうか。

そもそも企業の社会的責任とは、本来、黒字を出して、雇用とともにより多くの税金を払うことで、国家の安全保障や国民の福祉などに貢献することです。それが、社会の公器たる企業のあるべき姿です。

ところが、今の日本では、また、多額の納税を行う企業を尊敬する社会的風土も失われています。企業経営者の側も、社会的責任感が欠如しています。２０１４年４月、日本公認会計士協会は、公認会計士のほぼ2人に1人（48・8％）が、担当している企業が業績や資産状況をごまかそうとする「不正」を一度は発見したと発表しました。なげかわしい限りです。

要するに、国にとって稼ぎ頭である大企業がグローバル化し、無国籍化して「国に税金を払わない大企業群」となってしまい、税制が空洞化して財政赤字の元凶となっている。その穴埋めを、消費税増税という形で負担させられているのです。被害者は、大企業とは直接に関係のない一般国民のほとんどです。

そこで私は、企業の納税行動を透明化するために、「申告所得金額の公示制度」（企業長者番付）を復活させ、あわせて納税額を開示する制度を設けることを提案します。企業長者番付は、2006年、個人情報保護を口実になくされた高額納税者番付とともに廃止されてしまったからです。

巨大企業が、法人所得をいくら申告し、実際にはいくら納税しているかを公表する制度を復活すれば、納税状況の実態を社会に開示し、透明化することができます。そうすれば、大企業の経営者も、社会的責任について自覚するでしょう。

大企業の経営者には、今一度、国家とは何か、企業の社会的責任とは何か、ということを考え直してもらいたいと思います。

第4章　日本を棄て世界で大儲けしている巨大企業

日本企業もアメリカ発の手口を模倣

企業が成長すれば、国民に雇用の機会が与えられて給与も上がって生活が豊かになる。そうすれば、国の税収も増えて国民経済が繁栄する。このような公共的な使命感を持つ企業が多くありました。日本の伝統的な商店や企業は、堅実な商いと信用を重んじていました。急成長する企業は、短期間で急落する危険を孕んでいるからです。

ところが、グローバル化時代を迎えた今、短期間で大きな利益を得ようとする風潮が強まっています。そうして得た利益を、企業は、できるだけ税金を低く抑えて海外の低税率の国々に運び去ろうとしています。そのために、多国籍化を続けてきた企業が、無国籍化を急速に進行させています。

日本の企業が多国籍化して大儲けをする手口は、アメリカの多国籍企業を模倣しています。アメリカ企業の手口については第5章で紹介しますが、この章では日本企業が多国籍化して儲けるようになった状況を見ていきましょう。

経済のグローバリゼーションが浸透して、企業の国境を越えた事業展開や投資活動が活発化しています。日本企業の海外進出の状況は経済産業省の調べによれば、１９９５年度の１万４１６社から、２０１２年度末には２万３３５１社と２・２倍にも増加しています。地域別にみると、中国の７７００社を筆頭にアジアが全体の６５％を占め、ベトナムやインド等その他のアジア地域も拡大傾向にあります。

海外進出の動機

日本企業の海外進出を決定した際の判断ポイントをみると、「現地の製品需要が旺盛又は今後の需要が見込まれる」が７割弱で最も高く、これに続いて、「納入先を含む、他の日系企業の進出実績がある」、「進出先近隣三国で製品需要が旺盛又は今後の拡大が見込まれる」、「良質で安価な労働力が確保できる」の順になっています。現地の法人税が安いことが、海外進出の大きな理由ではありません。

今後の需要拡大等が見込まれることを、投資の意思決定ポイントとする傾向が強くなってきています。

この傾向は、日本経済の裏返しと言えましょう。日本経済の病原は、「需給ギャップ」が大きく、需要が供給力に比べて大きく不足していること。そのため、日本企業は波が引くように海外逃避して行き、国内経済の「空洞化」を激化させている。企業の海外進出は、国内経済の足を引っ張る大きなマイナス要因となっているのです。

日本企業は巨大な労働市場を海外に提供してきました。2012年度末における現地法人の従業者数は、実に約560万人ともなり、安倍政権による「日本経済再生に向けた緊急経済対策」による「60万人の雇用づくり」の9倍以上もの「雇用機会」が海外に流出しています。

大手企業の国内の大規模工場の閉鎖が続出し、失業者を造り出し、日本経済は益々疲弊させられています。その工場の行き先は海外なのです。

2012年度における現地法人の動向は、海外生産比率20・3%、海外設備投資比率は25・8%と、それぞれ前年度比で上昇しました。現地法人の売上高は2桁近い増加でしたが、経常利益、当期純利益、当期内部留保額についてはいずれも減少しています。

海外企業買収の裏には

日本企業は、海外企業や事業のM&A（合併・買収）を積極的に行って、世界を買いまくってきました。これは、円高、金利安を背景に、日本企業の豊富な自己資金を元手に、潤沢な買収資金を準備できたためです。

アメリカの調査会社トムソン・ロイターの発表によれば、２０１１年には６４３件、金額でも過去最高の６９８億ドル（発表時の為替レートで約５兆６０００億円）に達しました。

２０１２年になると、日本企業による海外企業の買収がさらにハイペースになりました。そのうち、規模の大きい事例を挙げると、次のようになっています（買収額、換算レートは２０１２年時のもの）。

⑴ソフトバンクは、アメリカ３位の携帯電話事業者「スプリント・ネクステル」を約２０１億ドル（当時の為替レートで約１兆５７００億円。以下日本円換算は同）で買収。

⑵丸紅は、アメリカの穀物取引メジャー、ガビロンの２事業を約36億ドル（約２８８０億円）で買収。

⑶伊藤忠は、アメリカの多国籍食品企業ドール・フード・カンパニーの加工食品事業とアジアにおける生鮮品事業部門を約17億ドル（約１３２０億円）で買収。

⑷大日本住友製薬は、アメリカのバイオベンチャー、ボストン・バイオメディカルを

２億ドル（追加で最大約26億３０００万ドル、約２１００億円）で買収。

(5)旭化成は、アメリカの医療機器メーカー、ゾールメディカルを22億１０００万ドル（約１８１２億円）で買収。

(6)三井住友銀行と三井住友ファイナンシャル＆リースと住友商事は、イギリスの商業銀行ロイヤル・バンク・オブ・スコットランド傘下の航空機リース事業を約73億ドル（約５６００億円）で買収。

(7)東芝は、アメリカのコンピュータ関連サービス業ＩＢＭのＰＯＳ（販売時点情報管理システム）事業を、約８億５０００万ドル（約６８０億円）で買収。

(8)武田薬品は、アメリカ大手製薬会社ＵＲＬファーマを約８億ドル（約６４０億円）で買収。

(9)電通は、イギリスの大手広告会社イージスを約31億６４００万ポンド（約３９９５億円）で買収。

これらのＭ＆Ａが行われた２０１２年当時の為替レートは、１ドル＝約80円。その後、安倍政権の誕生によって円安が進み、２０１４年は１００円台を推移しています。

この間、円は25％以上安くなりました。相対的に、日本の企業が買収当時に見込んでいた買収企業の利益は、ドル建てを円に換算すると、25％以上増える計算になります。

しかも、海外子会社からの受取配当金は、益金不算入制度が適用されるので、95％は益金に算入されずに無税扱いになることは、説明したとおりです。

申告漏れは国内企業の2倍

日本企業の海外進出は目を見張るようですが、その国際的な視野や戦略を備えた企業が、日本にはまともに税金を納めていない状況には驚かされます。

海外進出企業や海外取引には、国際課税が適用されます。その税務調査と不正申告は、増加傾向にあります。

たとえば、２０１２事務年度における海外取引法人に対する税務調査件数は、全国ベースで１万２５０６件、申告漏れ所得金額は２４５２億円となっています。このうち、不正計算を行なったものは４７０件で、不正脱漏所得金額は１６９億円です（図２）。

海外取引法人等に対する税務調査件数が近年増加傾向にある理由は、資金の海外への移動に関する資料情報の収集・活用や、租税条約等に基づく情報交換が積極的になされるな

図 2.　国際課税（法人税）に係る税逃れの摘発状況

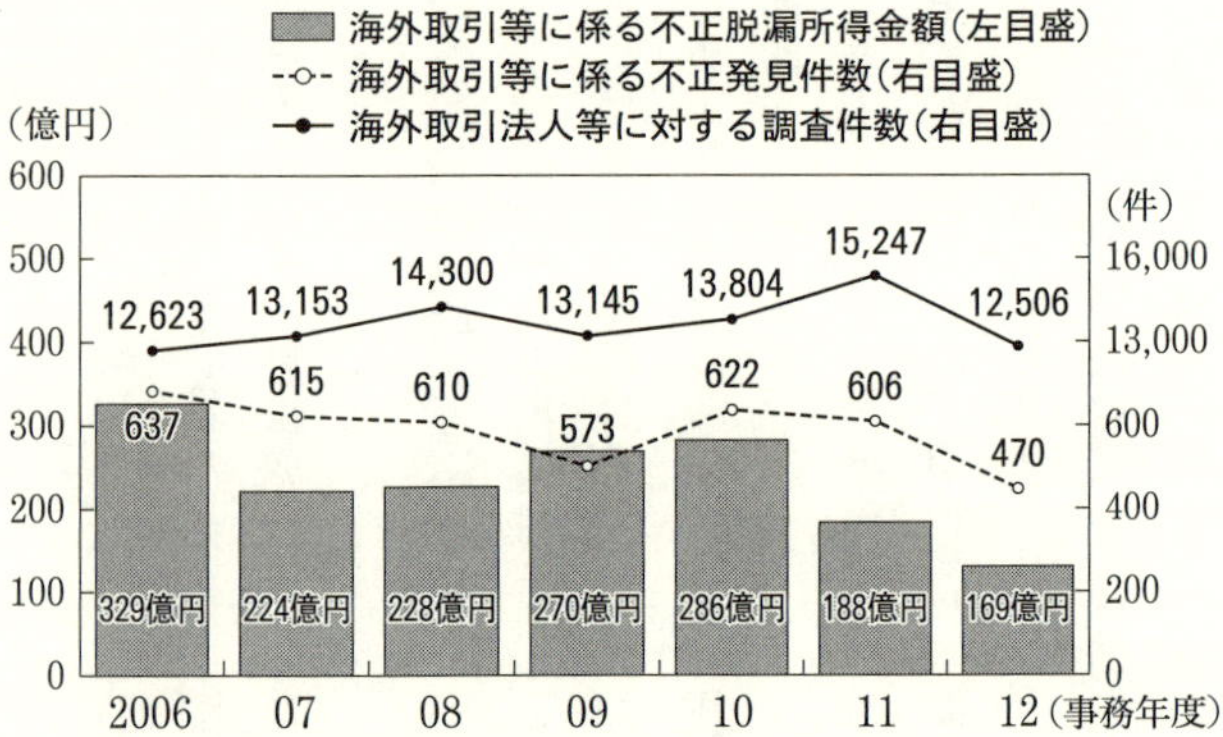

事務年度等 ／ 項目区分		2006	07	08	09	10	11	12
海外取引法人等に対する調査件数	件	12,623	13,153	14,300	13,145	13,804	15,247	12,506
海外取引等に係る非違があった件数	件	2,948	3,267	3,297	3,256	3,578	3,666	3,309
同上のうち、不正発見件数	件	637	615	610	573	622	606	470
海外取引等に係る申告漏れ所得金額	億円	4,261	4,458	2,187	8,014	2,423	2,878	2,452
同上のうち、不正脱漏所得金額	億円	329	224	228	270	286	188	169

出典：国税庁「法人税等の調査事績の概要」

どして、効果的な税務調査が行われているからだと思われます。

海外取引の税務調査には、外国法人に対する調査も含まれています。外国法人の調査は、そのほとんどを国税局調査部で実施していて、２０１１事務年度における調査件数は67件で前年対比56・８％。摘発した申告漏れ所得金額は１２４億円、前年対比は57・９％でした。

タックス・ウォーズの勃発

国際課税にかかわる税逃れとは、海外で稼いだ所得や儲けた利益を正しく申告しないことですが、その手法は極めて多様です。海外で所得や収入を得ておきながら、各国の税制や租税条約の差異を巧みに活用して、どこの国にも税金を納めないという国際的な租税回避の新手スキームが横行しています。

たとえば、タックス・ヘイブン対策税制（外国子会社合算税制）に関して実施された税務調査（２０１１事務年度）では、申告漏れ件数は１０２件で前年の83・６％でしたが、申告漏れ所得金額は３１５億円にのぼり、前年と比べると２４６％という驚くべき数字でした。タックス・ヘイブンを利用する税逃れや〝脱税〟の額が、多くなっている状況を表わしています。

適用対象となる特定外国子会社等が所在する国または地域は世界に約70あり、そのうち、パナマ、ケイマン諸島、香港で約60％を占めています。これらの国または地域に特定外国子会社が多い理由はさまざまです。パナマは、主に海運会社や商社等が便宜置籍船保有会社を設立していること。ケイマン諸島は、法人税等の税金がなく、法人の設立が容易であること。香港は、法人税率が低く、国外源泉所得が非課税であることなどです。

多国籍企業は、グローバリゼーションを推し進めながら、タックス・ヘイブンと移転価格操作を利用することによって、今やその実態は無国籍企業となっています。

無国籍化した世界の巨大企業は、利益を貪るために、次々と新手の税逃れの手口やスキームを編み出して、租税国家の租税高権（国の課税権）に挑戦するようなありさまです。

これまで各国は、法人税率を引き下げて企業の国外流出を防ごうとしてきましたが、法人税の引き下げ競争によって各国の財政損失は大きくなる一方です。このままでは共倒れしかねません。

租税国家は、個別租税管轄権を取り戻すために、税制の整備を行いつつ執行力の強化につとめてきました。そして今、租税国家がグローバル企業や巨大資本の税逃れを規制するために、世界税金戦争（タックス・ウォーズ）が勃発したのです。

第5章　激化する世界税金戦争

〝企業性善説〟が通用しない時代

無国籍化したグローバル企業の「課税逃れ」をどう防ぐか。とりわけ、グローバル経済を牽引するIT企業など巨大企業が、複雑な税制の抜け穴を利用して巨額な税金を免れているのをどう追及するか。今、財政赤字にあえぐ各国の政府は連携して、課税強化の策定に動きつつあります。

日本を含めた先進各国において税収確保が困難に陥っている大きな要因は、無国籍化したグローバル巨大企業が、コンプライアンス（法令順守）と企業倫理を前提に組み立てられた税制を逆手にとって、世界的規模で「ゼロ・タックス化」（租税極小化）戦略を追求するのに対して、有効な防御措置がないことです。

租税逃れや回避が〝合法的〟にまかり通っているのは、経済のグローバリゼーションが進展する中で、無国籍化した企業の本性と構造が変貌していることが背景にあります。企業が成長すれば、国民に雇用の機会を与え、働く人達の給与も上がり、国民の生活も豊かになり、国の税収も増えて国民経済が繁栄するという〝企業性善説〟は、無国籍のグローバル企業には通用しなくなってしまいました。

議会で追及されたグーグルの節税手法

２０１３年5月中旬、イギリス下院決算委員会で、アメリカのインターネット関連サービス会社グーグルの欧州幹部に、議員が「課税を逃れるためのまやかしだ」と詰め寄りました。ことの顚末《てんまつ》はこうです。

決算委員会は、内部告発を基に同社の収入源のオンライン広告について、「交渉から契約までイギリスの子会社が行なっている」と指摘したうえで、イギリスでの売上が２０１１年は41億ポンド（約６３００億円）にものぼっているのに、イギリスへの納税額がわずか６００万ポンド（約９億２２００万円）にとどまっている理由を追及しました。

同社の幹部は、「企業と契約する権限は、ヨーロッパなどを管轄するアイルランドの事業会社にある。イギリスの子会社は販売業務を代行しているに過ぎない」と主張しましたが、委員長は、この答弁を「非倫理的だ」と非難したのです。

グーグルの収入の大半は開発した技術の特許使用料で、ネット広告がクリックされるごとに特許の使用料収入も増えます。アイルランドの法人税率は12・5％とイギリス（23・

00%）のほぼ半分で、経済協力開発機構（OECD）34カ国では最も低くなっています。

アイルランドの首都ダブリンに、2つのグーグルのグループ会社があります。一つは実体のある会社（A）、もう一つは登記だけのペーパーカンパニー（B）です。

この2つの関連会社の間に、さらに実体のないオランダの関連会社（C）を介在させて、ライセンスを譲渡するという複雑な仕組みを取り入れていたのです。

イメージしやすいようにこれらの関係を表したのが図3です。

特許使用料の支払いも、オランダの関連会社を迂回。なぜ、オランダの関連会社を経由させるかというと、アイルランドとオランダの取り決めで、支払いが非課税になっているからです。

そのうえ、これらの関連会社を管理する会社をタックス・ヘイブンであるイギリス領バミューダに置くことによって、アイルランド国内の会社は「非居住者」とみなされて、こちらの法人税も免除されていたのです。

グーグルの法人税をめぐる問題は、特許のライセンスをアイルランドに移したのが節税戦略のキーポイントでした。そのうえで、特許のライセンスをオランダの関連するペーパーカンパニーに譲渡するなどして、法人税を回避。各国の税制の〝不備〟をくぐり抜けて

図3.　グーグルのゼロ・タックス・スキームのイメージ

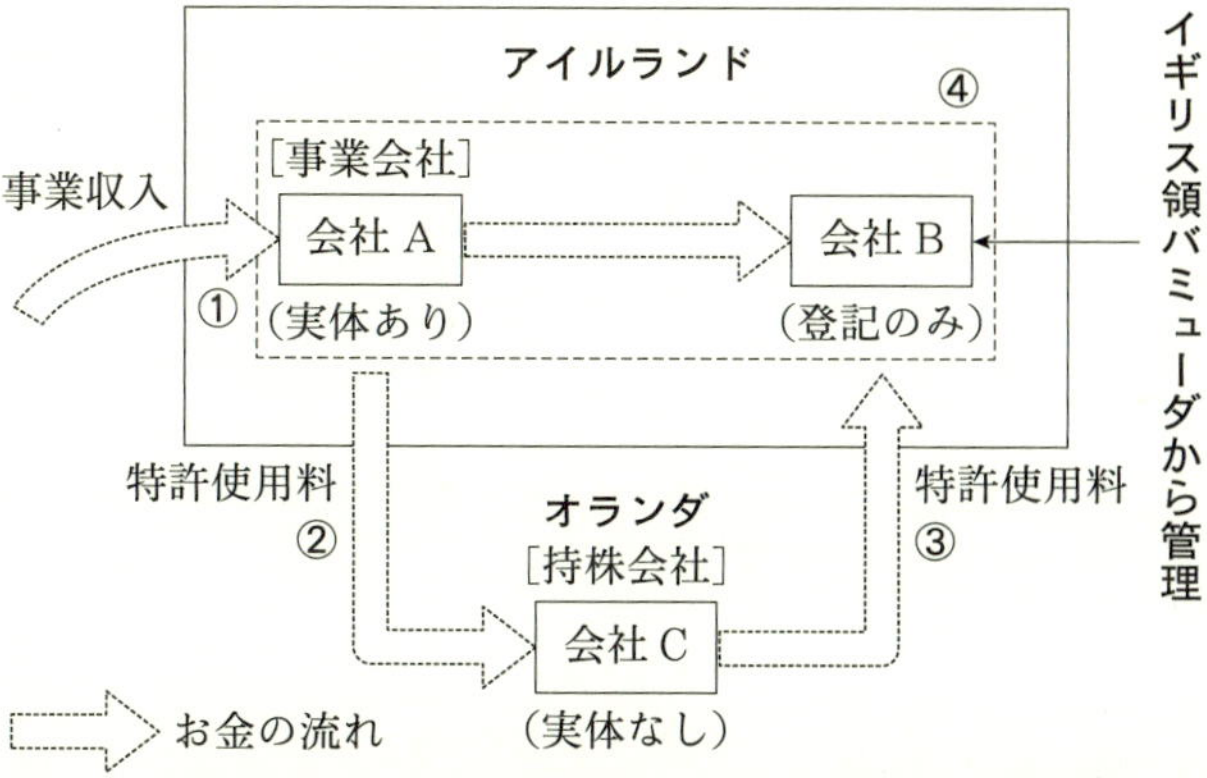

①アイルランドの事業会社 A の支払利子や支払使用料による損金計上によって、所在地国の法人税がゼロ化できる。
②オランダに設けた中間持株会社 C の介在により、これらの受取段階の非課税化ができる。
③無形資産保有会社・金融会社であるアイルランドの会社 B（実質管理支配地基準ではバミューダ法人）等へ支払う段階で EU 指令（EU Directives）や租税条約の特典利用によりゼロ・タックス化ができる。
④アメリカは会社 A→会社 B のお金の流れを法人間ではなく、本店と支店のやりとりとみなして課税しない。

注）　このスキームにおける各ステップの取引は、事業会社の所在地国、導管国、これを経由する支払先の EU 加盟国やタックス・ヘイブンでは合法的なものである。しかし、これらの外国事業体が日本法人の関連会社である場合、それぞれが是認されるかどうかは明確ではない。

得た収入を、税率の低いアイルランドからタックス・ヘイブンに合法的に逃していたのです。

この複雑な手法は、アイルランドに2つの会社を設け、さらにオランダの会社を介在させることから、「ダブル・アイリッシュ・ウィズ・ダッチ・サンドイッチ」と呼ばれます。

アップルCEOティム・クックの反論

このような〝節税回路〟を考え出したのは、アメリカのアップルであるといわれています。アメリカ議会がまとめた報告書によると、アップルが2009年〜2012年に得た利益740億ドル（約7兆5000億円）を、アイルランドの子会社を利用して〝節税〟していたといわれています。

2013年5月21日、アップル社のティム・クック最高経営責任者（CEO）は、アメリカ上院国土安全保障・政府問題委員会常設調査小委員会の公聴会に出席し、「税金から逃れる小細工は一切していない」と断言しました。その一方で、「国外で稼いだ資金をアメリカに戻そうとすると税率が高すぎる」とも主張していたのです。後者の証言から、本音が垣間見えるようです。ちなみにアップル創業の地、カリフォルニア州の法人税の法定税率は、日本より高い40・75％です。

アマゾン ジャパンも法人税を払っていない

アップルとは状況が異なりますが、アマゾン ジャパンも日本に法人税を支払っていません。その理由を、アマゾン・ドット・コム（アメリカ・ワシントン州の法人）は、日本国内に支店等を置いていないからだと説明を続けてきました。日本で生産される商品が、日本のアマゾンの流通センターから直接日本国内に発送されているのにです。

２００９年、東京国税局は、日本国内の流通センターに置かれているアマゾンの機能は、「実質的な恒久的施設」だと判断し、２００３～２００５年分について１４０億円の追徴課税を行っています。

ところが、日米当局間で協議が行われ、日本の国税局の請求は退けられてしまいました。

私は、アマゾン・ドット・コムとアメリカ当局の言い分は明らかに〝詭弁〟だと思います。その言い分が通ってしまうところに、法人税や国際的な課税システムの欠陥があるのです。

同社の法人税については、日本ばかりかヨーロッパ各国でも問題になっています。

巨額の課税逃れが指摘された多国籍企業は、ほかにもあります。アメリカのマイクロソフトも同様の仕組みを利用していると、経済・金融情報会社ブルームバーグは伝えています。

国境をまたぐ節税戦略を利用する企業にＩＴ企業が目立つのは、ソフトをダウンロードする際の知的財産権の使用料を、ライセンス（特許）の譲渡などによって、低税率国の子会社に簡単に移し替えられるからです。現在のデジタル経済に、税制が追いついていない代表的な例でしょう。

程度の差こそあれ、多くの企業が税率の低い国や地域に利益を集め、世界的スケールで税負担が軽くなるタックス・プランニングを巧みに活用しています。

ほかにも、知的財産の利益率が高い製薬業についてみると、アメリカのファイザーや、スイスのノバルティスの実効税率は、ほぼ10％台と低率なのです。

グローバル化した多国籍企業は、各国の税制における課税ベースの測定ルールや税率の差異に精通して、巧妙な手段を駆使し、より税負担を軽くする術に英知を傾けています。逆に、税負担を軽くするために、企業は多国籍化したとも思えるフシがあるのです。

日本の大企業も税率が低い国へ

かつて、スイスの銀行の匿名口座が資産隠しやマネーロンダリングの温床となっていました。その後、スイスの銀行は、犯罪にかかわる口座に関しては一部ではありますが、顧客情報を開示するようになってきています。タックス・ヘイブンの国々に合法的に資産を移せるようになってからは、これらの国々が租税回避の主舞台となりました。

財政難にあえぐ各国は「国際タックスシェルター情報センター」（本部・ワシントンとロンドン）を設立し、各国の税務担当者が集まって、税金逃れや税金回避を行っているグローバル企業や富裕層の情報を監視し、対策を国際的に取っています。租税回避を行っているグローバル企業や富裕層に対して、各国が連携してタックス・ウォーズを開始したのです。日本も、国税庁の担当職員が本部に常駐しています。

国ごとの税率の差異に起因するタックス・ウォーズは、多国籍企業をめぐる国家と国家の税金の奪い合いという側面もあります。

アメリカの知財戦略

アメリカのグローバル企業の税逃れ（租税回避）が国際的に大きな問題となり、欧米では社会問題にまで発展しています。イギリスでは下院決算委員会で、また、アメリカでも上院国土安全保障・政府問題委員会で対象企業の公聴会が開催され、ヨーロッパでは英独財務相によるグローバル企業の租税回避に対抗する共同声明が発表されました。

ヨーロッパにおける債務危機の深刻化で緊縮財政を余儀なくされ、増税や社会保障費の削減が行なわれている一方で、たとえ合法的だとはいえ、税金の負担を逃れているグローバル企業への不満が噴出しているのです。

2012年、課税逃れ疑惑が明るみになって不買運動が起きたスターバックスは有名です。またすでに述べたように、課税逃れの手法として特徴的なのは、「ダブル・アイリッシュ・ウィズ・ダッチ・サンドイッチ」と呼ばれる複雑なスキームを使ったＩＴ企業アップルやグーグルの事例です。アメリカやアイルランドの法制度と、オランダの租税条約を巧妙に活用し、無形資産から生じるアメリカ外の使用料（ロイヤルティ）をタックス・ヘイブンのバミューダに非課税で留保し、必要に応じてアメリカ本社の研究開発費用を賄う仕組みになっているのです。

このような無形資産をタックス・ヘイブンに移転させる手法をはじめとして、軽課税国へ無形資産を移転させるなどの租税回避スキームは、アメリカのＩＴ企業や製薬会社等で広がっています。アマゾン・ドット・コムも、タックス・ヘイブンに多額の所得をため込んでいました。

問題なのは、アメリカ政府に、果たして本気で租税回避を取り締まる意向があるかどうか、疑わしいことです。このようなスキームを許すアメリカの法制度については、既に10年以上も前から問題視されていたのにもかかわらず、今まで放置されてきました。

アメリカのIT企業が、国外で上げる収益の大部分を非課税で留保し、アメリカの親会社のさらなる無形資産の開発に活用するという仕組みは、アメリカ企業、ひいてはアメリカ政府の巧妙な知財戦略といえなくもないが、いかがでしょうか。

こうした企業行動を許していることは、先進諸国の税収を減少させているばかりでなく、アメリカ企業の体力強化にも役立ち、他国ライバルとの競争条件を有利にしている結果になっています。このため、そのようなスキームを活用していないヨーロッパや我が国の同業企業は租税負担のハンディキャップを負っているわけです。

アメリカ政府の対応に任せていたのでは実効性は乏しいので、後述のように、主要8カ国（G8）などの問題提起を受け、経済協力開発機構（OECD）の租税委員会が検討を開始しています。

租税回避は巨大なグレーゾーン

もともと租税回避（「避税」である税逃れ）は、税金を少なくする方法のうち、違法な手法である租税逋脱《ほだつ》（いわゆる「脱税」）でも、合法的な手法による租税節約（いわゆる「節税」）でもないグレーゾーンです。

租税回避はグレーゾーンだとしても、行き過ぎると目に余るものとして税務当局により否認されることもあります。しかし、どんなスキームがそれに当てはまるのか、必ずしも統一基準はなく、各国ともケース・バイ・ケースで対応しているのが実情です。

租税回避といえば、かつては、個人や事業者によるオフショア・タックス・ヘイブンの銀行口座等への資産や所得の移転や隠蔽等が筆頭に挙げられていました。ところが、近年では、金融機関を含むグローバル企業による、高度にして巧妙な「国際的節税戦略スキーム」や「租税条約の濫用」、「移転価格の操作」をも活用する投資ストラクチャーを利用した所得や費用の移転等の手法に、重点が移ってきています。

租税回避行為は、各国間の税制の相違（税制格差）を利用し、または、税制の抜け穴を利用して、所得に対し無税または名目的な課税しか行なわれない軽課税国に「所得を移転」させ、あるいは、ビジネスモデルを変更したり、活動の拠点を移動させたりすることを手段としています。

このため一国の税務当局の税務調査や情報収集では、取引の実態の解明は不可能に近くなっています。そのうえ、従来は二重課税の排除に重点が置かれており、現在の税法規定だけでは国際的な租税回避行動には対処できなくなってきているのです。

租税国家を脅かす「国際的二重非課税問題」

避税の原因のひとつに、この「二重課税の排除」があります。これは、企業が利益を得た国で課せられる法人税と、その企業が法的に所在する国で課せられる法人税を、二重に課せられることがないようにとの目的で、各国が独自にどちらかを選択してきたものです。第３章では、日本での超巨大企業の優遇措置として少し触れました。

先進国を中心とするＯＥＣＤは、企業が法的に所在する国で課税される居住地国課税を重視し、源泉地国課税をできるだけ抑制して二重課税の排除を図ってきました。一方、途上国や新興国と、それら国々の主張を反映している国連は、企業が利益を得ている国で課税させる源泉地国課税を重視しています。

問題は、このように先進国重視（居住地国課税）と発展途上国重視（源泉地国課税）とでの二重課税を排除しようとしているうちに、源泉地でも居任地でも課税されない「二重非課税」（世界中のいずれの国にも税金を払わないこと）という驚くべき事態が生じてしまっていることです。

しかも、このような異常事態に対して、現在、世界の各国が、租税高権の行使として制定している税制システムでは、ほとんど対処できないという、まことに恐るべき状況になっています。租税国家の基盤を揺るがし、やがて崩壊させる危険を内包しているのです。

「税源浸食と利益移転」を阻止せよ

こうしたグローバル大企業による税制の隙間や抜け穴を利用した税逃れについて、近年、国際的に批判が高まっています。このような状況を是正し、実際に企業の経済活動が行なわれている場所での公正な課税を的確に行うことを可能とするため、各国が協調して、それぞれの税制の調和を図ることが必要です。

ＯＥＣＤは、２０１３年2月、「税源浸食と利益移転への対応」（Base Erosion and Profit Shifting：ＢＥＰＳ）に関する報告書を公表し、２０１３年5月のＧ７財務大臣・中央銀行総裁会議等においても議題となりました。こうした議論を経て、２０１３年７月にＯＥＣＤとＧ20の合同のプロジェクトとして15項目からなる「ＢＥＰＳ行動計画」が公表されています。

また、ＯＥＣＤの租税委員会は、次の二つを中心に課税権の調整をしようとしています。

①国際課税においては、各国それぞれの税源確保のために課税権を幅広く適用しようとするため、これを国際的に調整することが必要となっています。

②先進国は、ＯＥＣＤ租税委員会を中心に、所得を受け取る国で課税を行なう居住地国課税を重視しつつ、課税権の調整をしていきます。

また、ＢＥＰＳのプロジェクトでは、次のようなことを視野に入れています。

①国境を越えた電子商取引の広がり等、経済のグローバル化に対し、現行の国際課税ルールが追いついていません。この結果、近年、源泉地国でも居住地国でも十分に課税されないという「二重非課税」の問題や、本来、課税されるべき経済活動が行

なわれている国で所得として把握されていないという問題が出現しています。

②リーマンショック後の財政悪化や所得格差の拡大を背景に、一部のグローバル企業が、税金を支払うべきところを適正に支払っていないことについて、政治的に看過できなくなってきています。

③国境を越えた脱税・租税回避スキームに対し、国際協調の下、戦略的かつ分野横断的に問題解決を図るため、ＢＥＰＳ行動計画が開始されています。

ＯＥＣＤ租税委員会の対応

このＢＥＰＳ行動計画によって、価値のわかりにくい特許やブランド権などの無形資産を、企業が税金の安い国に移すという節税への対抗策については、２０１５年９月までに明確なルールを作る予定です。

また、グローバル企業に、国ごとの所得や納税額を報告させる規定を、２０１４年９月までにまとめます。

さらに、インターネットを通じた音楽配信など国境を越えた電子商取引の課税の仕組みは、２０１４年９月までに報告する計画になっています。

ＢＥＰＳ行動計画には、ＯＥＣＤに加盟していない中国やインド等にも参加を呼びかける予定です。

この計画は、２年間のスケジュールで実施され、それはまさに、「国際的な租税協力の歴史の転換点となるもの」となるでしょう。

税源浸食と利益移転を防ぐために必要な、国際的に調和された包括的で透明性のある基準を、現行の「２国間での合意ベースの租税方針（租税条約等）」に替えて、多国間で作成することができれば画期的なできごとになるはずです。

第6章　富裕層を優遇する巨大ループホール

世界一安い日本の富裕層の税金

第二次安倍政権になってからわずか半年後の2013年5月、株価は5年4カ月ぶりに1万5000円の大台を回復しました。野田前首相が衆議院解散を表明した2012年11月14日から、日経平均株価は74％も上昇したことになります。

この株高は当初、外国人投資家が主導していましたが、その後、日本銀行の「量的・質的金融緩和」による経済環境の好転で、個人の投資熱が一段と高まったことにもよるでしょう。

しかし、株高で大儲けしているのは、世界を股にかけたファンドマネーや一握りの特権的な富裕層で、圧倒的に多くの庶民には無関係です。一般投資家が株に手を出すのは高止まりした頃で、その時にはハゲタカファンドや富裕層は、売り抜けて利益を確定しています。

ところで、このごく少数の富裕層は、こういった株式投資での利益について、どれくらいの税金を国に納めているのかと疑問に思われた方はいないでしょうか。

図4.　申告納税者の所得税負担率（2008年分）

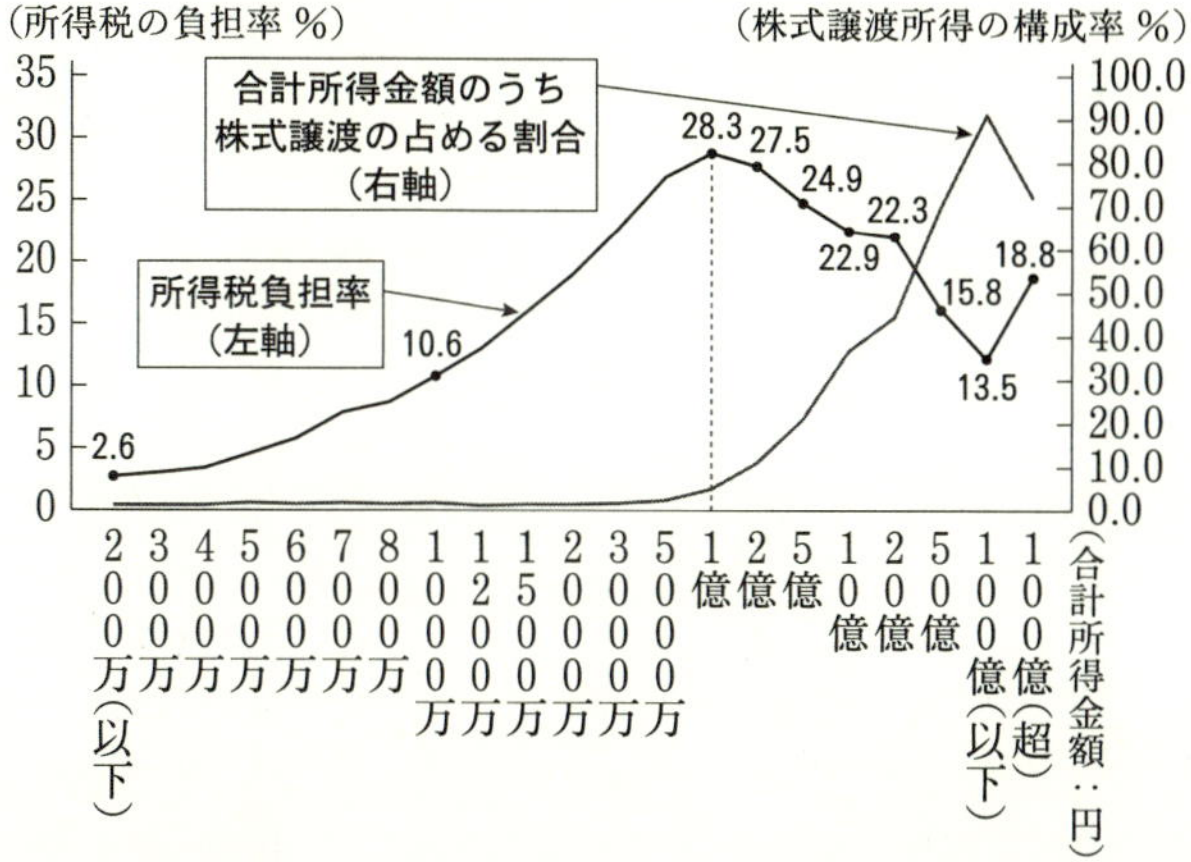

出典：財務省資料・国税庁「平成20年分申告所得課税標本調査結果」より作成

図4をご覧ください。これは、日本の納税者の所得税負担率を所得金額の階層別に表わしたグラフです。よく見ると、日本の所得税制には、看過できない重大な不公平があることを示しています。

このグラフを見ると、日本の所得税負担率は、合計所得金額が２００万円で2・6%、１０００万円で10・6%としだいに上昇し、1億円の段階での28・3%がピークになっています。しかし、そこからさらに2億円、5億円、10億円と合計所得金額が高くなるに従って所得税負担率は逆に下降するようになり、１００億円になると、実に

13・5%まで低下しているのです。この税率は、年収1千数百万円のレベルと変わりはありません。

「税率が低くても、納税額が大きいからいいじゃないか」と思われる方もいるかもしれませんが、この税率は、税法上の大きな矛盾を意味しているのです。

日本の所得税制は、所得金額が大きくなるに従って、しだいに税率が高くなる累進税率を採用しています。本来なら、このグラフは所得金額の増加に伴なって右肩上がりにならなくてはなりません。ところが、合計所得金額が1億円を超えると、所得税の負担率は「逆進的」なものに変わることを示しています。

年間の所得金額が100億円というのは、一般の市民の感覚からすれば、およそ想像を絶する金額でしょう。しかし、現実に、そのような高額所得者が日本にも存在します。その多くは、株式の売却による譲渡所得や株式の配当所得。このような超富裕の人たちの所得に対してだけは、現在の日本税制は特別に税金を安くしているのです。

何度も延長された証券優遇税制

証券税制では、これまで低迷する株式市場を活性化するためとして、上場株式の譲渡所得（キャピタル・ゲイン）に対しては申告分離課税とし、しかも本則は20％（所得税15％、個人住民税５％）であるものを、その半分の10％（所得税７％、個人住民税３％）の軽減税率とする優遇措置を２０１３年12月31日まで適用してきました。

所得税は、個人の担税力（税の支払い能力）を指標として課税する税制なのですから総合課税が建前であり、分離課税は例外措置です。

このような株式の譲渡所得に対する異常な不公平税制は、国際的にみても極端で、不労所得に属するキャピタル・ゲインに対しては、世界一といっていいくらい安い税金に抑えていました。この制度は、「株価対策のため」と説明されてきましたが、その効果は全くありませんでした。しかも、この特別措置は時限立法でありながら、証券業界の圧力や、政治家と政党が何かと理屈をつけて、驚くべきことに、これまで３回も適用期間を延長してきたのです。

なぜ、このような低い税率が生じるのでしょうか。それには、こんな理由があります。

所得金額が１億円までは、総合課税における給与所得の割合が高いので、それほど税率は安くはなりません。ところが、５億円、10億円の所得となると、勤労による所得の割合は低くなり、上場株式の譲渡益や配当などによる所得で構成されるケースが多くなります。

そうなると、分離課税の対象となる所得（２０１３年末まで税率は10％）が多くなるので、合計所得は多額でも、負担率は下がるのです。

合計所得金額のうち株式譲渡の占める割合は、図４の右の縦軸でもわかるように、合計所得金額が１億円あたりから順次上昇し、５億円になると20％、10億円になると35％、50億円になると70％、１００億円になると実に90％を占めていることが明らかです。

そして、２０１４年からは、上場株式の譲渡所得の税率は、本則の20％に戻りました。税率は、それまでの倍になりましたが、申告分離課税方式は採用されているので、株式の譲渡所得に対する不公平税制の構図は、依然として残されたままです。

富裕層もタックス・ヘイブンを悪用

税負担の不公平さを示す図４のグラフは、「申告納税者の所得税負担率」というタイトルが示すように、納税者が税務署に申告した所得金額をベースにして作成したものです。正しく申告していれば、高額所得者の納税率はこの図のようになります。

しかし、この図からは、「正しく申告しなければ、負担率はもっと低くなる」という意味にもとれます。現実に、課税当局は実際の所得金額よりも低く申告して、正当な課税を逃れている高額所得者が多数存在しているとみています。そうした高額所得者達の税負担は、グラフの示す数字よりも格段に低いはずです。

「正当な課税を逃れる」とは、租税回避と、ひどいケースでは脱税の二つがあります。しかも、その実態を正確に把握することは実際上、極めて難しいのです。何故かというと、避税や脱税を助ける、さまざまなカラクリがあるからです。それらの核心として作用しているのが「タックス・ヘイブン」なのです。

タックス・ヘイブンとは、税金が極めて安いか、全く税金がない、という税率の低さのほかに、金融規制の法的規制を欠いていて、強い秘密保持の法制をもつ地域や国のことです。このエリアを経由させると資金の追跡が極めて困難になるので、高額所得者や大資産家が所得隠しや資産蓄積に利用したり、マネーロンダリングやテロ組織の資金集めの場にもなっています。

イギリスの市民団体「タックス・ジャスティス・ネットワーク」は、世界の富裕層がタックス・ヘイブンに保有する金融資産は、２０１０年末の時点で少なくとも21兆ドル（約１６５０兆円）と試算しています。それらの巨額の資産は、本来なら課税対象となって、税金が支払われてしかるべきものです。

そのために、国家は財政難を来し、「ツケ」を払わされているのが、中所得・低所得の市民なのです。かつての日本は、中間層が分厚く存在して社会を安定させ、日本経済の強さの根源となっていました。ところが、今では、その中間層は長引くデフレで疲弊し、やせ細ってしまっています。安倍政権誕生後の好景気になっても、中間層は回復してはいません。

日本社会は、現在、税を逃れる手段を持つ1％足らずの富裕層と、その尻ぬぐいをするように重税に苦しむ99％を超える貧困層とに二極分化しつつあります。富める者はますます富み、貧する者はますます貧する。この傾向に拍車をかけているのが、タックス・ヘイブンを駆使する脱法スキームと言っても過言ではありません。

このような所得税と法人税の空洞化により、日本の富と税源が失われて、財政赤字の増大を招いています。この「ツケ」を、消費税増税という形で払わされているのが中所得・低所得層であることを、安倍首相が理解しているとは到底思えません。

不十分な所得税最高税率の引き上げ

日本の直接的な海外投資先は、財務省の「国際収支状況」によれば、２００５年から

2013年までの9年間通算で、1位のアメリカが18兆5634億円、2位の中国が7兆890億円、3位がオランダで6兆3869億円、4位がイギリスで6兆1823億円、5位がタックス・ヘイブンとして名高いケイマン諸島の5兆79億円という順になっています。これらのうち、アメリカと中国、イギリスは、投資が主です。ところが、オランダとケイマン諸島への投資が多いのは、両者を経由すれば節税ができるからです。

　クレディ・スイス（銀行）の試算によると、5000万ドル（約49億円）以上の純資産を持つ富裕層は、日本では2885人（「2013年度グローバル・ウェルス・レポート」）。一部の富裕層により、このような疑惑の色彩の濃い資金がタックス・ヘイブンに流れていて、その傾向は、アベノミクスでの金融緩和が進むことにより一段と活発になっています。まして、富裕層は税法上で優遇されているのですから、税をめぐる不公正と矛盾は増幅される一方です。

　あらためて指摘しますが、日本の所得税の最大の問題点は、資産性所得に対する課税に欠陥があることです。利子所得や配当所得、譲渡所得などの資産性所得の多くが、適確に課税対象とはならないうえに、分離課税などで軽減されています。資産性所得の多い富裕層は割安な税負担になっていて、税負担に耐えられる人がより多くの税金を担うという総合累進課税に風穴が空いているのです。

現在、利子所得については税率20・315%（住民税5%を含む）の源泉分離課税となっています。ただし、株式等の配当所得は20・315%（住民税5%を含む）の源泉徴収のうえ、原則として総合課税です。

キャピタル・ゲインである株式等の譲渡所得は、他の所得と区分されて、税率20%（住民税5%を含む）の申告分離課税となっていますが、2013年12月31日までは、一定の上場株式等の譲渡所得については、その半額の10%（住民税3%を含む）の軽減税率の特例が適用されていたのは説明したとおりです。

第二次安倍政権による税制改正では、現行の税率構造に加えて、課税所得4000万円超の部分について45%の税率が新たに設けられました。しかし、この税率が当てはまるのは、所得税納税者4850万人の0・1%未満の富裕層に過ぎません。

日本の所得税制の流れを見ていくと、最高税率はしだいに下げられ、資産性所得も申告分離課税の形で低率に抑えられています。日本の現在の所得税制は空洞化し、応能負担原理による所得再分配機能を喪失し、もはや崩壊は目前の状態です。

経済のグローバル化は、民主主義であるべき社会に大きな格差をあらたに生み出してしまいました。世界的な民主化運動の要求のひとつに、格差是正があります。税制でも同じことが言えます。税は、負担できる人がより多く負担するという税制の基本に立ち返り、所得税の累進度を高めて、財源調達機能を回復しなければなりません。

第7章　消費増税は不況を招く

消費増税はデフレ要因

消費税ほど、政争の具となり、国論を分断して苦闘が繰り返されてきたテーマはありません。消費税は、「資本主義最後の税金」といわれるように、究極の大衆課税です。人間は生きるために、常に物やサービスを消費します。この消費に税をかける消費税は、いわば人間の生存それ自体が課税の対象となり、その収奪から絶対に逃れることのできない足かせなのです。

一方、税を徴収する政府からみれば、消費税は徴税業務のための手間がかからない「タックス・マシーン（＝自動集税装置）」となるのです。

まさに、財政当局にとっては「打出の小槌」であり、「金の生《な》る木」なのです。

消費税の引上げはデフレ要因であり、とくに消費税が3％、さらに2％と段階的に大幅アップすると、経済に深刻なダメージを与えます。

アベノミクスと称する安倍政権の経済政策は、基本的にデフレ不況の診断を誤り、「的外れの金融緩和」によるインフレ政策を強行しているのです。そもそも、日銀によるマネタリーベースの供給不足を、日本経済の「失われた20年」の原因と判断している点が、見当違いなのです。

今日の不況の原因をあげれば、正規雇用労働者の非正規雇用への大規模な切り替えと、連続的な賃金水準の切り下げによる消費購買力の低下、さらに１９８０年代以降、輸出依存型の日本経済の成長を支えてきた輸出関連の大企業が海外での生産化と国際的下請け生産にシフトしたことによる雇用の海外流出に起因している、というのが私の考え方です。

これまで日本では賃金が下り続け、国内需要が冷え込む中で、円高による国内産業の空洞化が雇用機会の減少を招き、消費購買力の低下による悪循環が生じ、厳しいデフレ不況に陥ってきたのです。

デフレ下では、物価の下落の数倍をも上回る速度で国民の賃金や所得が縮小します。１９９７年度の自民党・橋本政権による消費増税（３％→５％）で物価は上がったが、翌98年度以降は物価下落以上に賃金下落の基調が定着してしまい、デフレ不況が慢性化してしまいました。あの時の二の舞いを避けなければなりません。

景気が回復したかのような報道が目立ちましたが、それが一般国民レベルの給料の上昇には反映されてはいません。しかし、消費税増税によって、消費者物価は上がったのは事実です。景気回復が軌道に乗っていない今のタイミングで消費税率を引き上げ、物やサービスの値段が上がれば一般の国民は買い控えをし、内需は縮小してしまいます。

もともと消費飽和で人々は慌てて物を買わない時代ですから、企業は価格の値下げ競争になります。売価の総額を下げても消費税率は下げられませんから、いきおい本体価格を削ることになります。

その結果、販売価格が下落し、売り上げは落ちてしまいます。そうなれば、企業は当然ながらコストダウンに向かわなければならなくなり、人件費もターゲットになります。結果的に賃金が上がらないで、さらにモノが売れないという悪循環が加速してしまい、経済は冷え込んで萎縮してしまいます。デフレに逆戻りする危険があるのです。

日銀の試算によれば、３％の消費税率アップは、消費者物価を２％押し上げるそうです。これに日銀のインフレ目標２％を加えると合計で４％物価が上がることになります。しかし、４％もの物価値上げ分を補塡する賃上げは、雇用需要が切迫でもしない限り、望みは薄いことでしょう。多くの一般家計では消費を切り詰めなければならなくなります。

消費税増税の強行によって、増税不況が襲来することを、私は恐れています。

置き去りにされる社会保障改革

消費税増税は、民主党・野田政権のもとで、社会保障改革と一体で行うことを前提としていました。

当時の野党である自民党と公明党とによって、「社会保障と税の一体改革」に関する3党合意が成立した経緯があります。

ところが、医療、介護、福祉、子育てに関する社会保障改革は、社会保障制度改革国民会議に丸投げしたまま置き去りで、社会保障のための財源と称して、消費税増税だけを2014年4月から実施しました。

はっきり申し上げて、消費増税の実施には自民党と安倍政権は非常に熱心ですが、社会保障改革には力を入れていないようです。今は野党になったとはいえ民主党でさえ、3党実務者協議の中心だったのに、2013年8月5日には3党協議から離脱するという体たらくです。

国民に新たな負担を求める消費税増税は、一部は社会保障の改善に使い、多くの部分はこれまでの国債でまかなわれた社会保障支出に充当して、社会保障の機能強化をすると約束したにもかかわらずです。

それとともに、政治改革や行財政改革を断行し、政治と行政の姿勢を正し、政府の効率化を図ることも政治家による国民への約束事となっていました。

政治改革は、少なくとも議員定数の是正と削減は、まっ先に行われるべきです。行政改革は、国家公務員の給与の削減、税金の無駄遣いの根源である天下りの禁止など、歳出の抜本的な見直しをする必要があります。

国や政治家が正すべきことはまったく何も実現することなく、国民との約束事を実行しないままで、ひたすら国民にだけ、新たな負担を追加する消費税増税をするのは、国民や将来の日本に対する裏切り行為ではありませんか。

増税分の使い道

2014年に税率が8％に引き上げられた消費税の増税分が、本当に社会保障に使われるかが、増税をめぐる最大の焦点となっていました。

しかし、制度充実への資金は乏しく、増税で余力が生まれるとしても、それは公共事業や防衛費などに振り向けられた形です。

一般会計の総額は95兆8823億円で、過去最大に膨張し、前年度の補正予算と合わせれば、歳出規模は、実に１００兆円を超える巨額に達しました。

予算を見る限り、効率的な予算配分には程速く、家計への痛みだけが先行しています。将来にわたっての安心できる社会保障制度への道筋もまったく見えないままです。

２０１４年度の消費税増税分は４兆５３５０億円と見込まれています。国と地方の税を合計すれば、約５兆円となります。

ところが、「社会保障の充実」に充てられるのは、わずか約５０００億円で、増税額に比べると９分の１以下と非常に少ない額です。

増税分の大半は、既存の年金や医療、介護保険などの経費に使われます。これまでに国の借金である国債によってまかなってきた費用の穴埋めです。

今回の予算では、診療報酬が０・１％増となり、患者が窓口で支払う医療費も増加します。家計にとって、予算案は痛みを和らげるどころか、負担は、増えるばかりです。

目立つのは、公共事業や防衛費、官邸の情報発信、道徳教育など、「政権の意図が見える」予算編成です。国民の暮らしの改善よりも、防衛や政権の広報を優先する姿勢が浮かんできます。

政府は、消費税増税の理解を得ようと、「増税分は全部を社会保障に使う」と繰り返してきました。しかし、税金が国庫に入っても、そのお金の区別はできません。

消費税増税関連法の附則18条では、増税で財政にゆとりができた際は、「成長戦略および事前防災・減災に重点配分する」と規定されています。この条文が、消費税の増収分が公共事業に形を変える〝逃げ路〟となっているのです。とくに、防災・減災に向けた「国土強靭化」事業に、１兆５３２５億円と大きな予算をつけています。公共事業全体では、12・９％増の５兆９６８５億円にものぼりました。

与党の族議員と官僚が結託した〝タックス・イーター〟が税金を食いつぶしているように見えてなりません。

消費税率10％でも財政は大赤字

内閣府は、２０１４年７月25日に開かれた経済財政諮問会議に、今後10年間の経済財政の見通しをまとめた「中長期の経済財政に関する試算」を提示しました。

それによると、消費税が２０１５年10月、８％から10％に上がることを前提としても、国と地方の基礎的財政収支（プライマリーバランス）を、目標とする２０２０年度に黒字化はできず、予想では同年、経済再生ケースでも11兆円の赤字になると見込んでいます。

プライマリーバランスは、社会保障や公共事業など政策に使うお金を、どれだけ借金に頼らないで税収などでまかなえているかを示す指標です。政府は、プライマリーバランスについて、２０１５年度の対名目国内総生産（ＧＤＰ）比の赤字を、２０１０年度（６・６％）から半減させて、２０２０年度に黒字化することを目標としてきました。そのための消費税増税でした。

試算によると、国と地方のプライマリーバランスは、２０１５年度には16兆１０００億円（対名目ＧＤＰ比で３・２％）の赤字となり、「最初の目標」は達成できる見通しでした。しかし、２０１５年に消費税が10％に増税されることを加味しても、２０２０年度のプライマリーバランスの赤字は対名目ＧＤＰ比で１・８％にのぼり、黒字化には11兆円も足りないのです。

経済成長を背景に税収のさらなる増加を図るとともに、膨らみ続ける医療・介護など社会保障費の抑制が大きな課題になっています。

しかし、もっと大きな問題があります。今回の試算は、２０１３〜２０２２年度の平均の経済成長率を平均２・０％と１・０％にとどまるケースに分けて行われました。しかし、この「２・０％」は、アナリストの間では、「楽観的過ぎる」という見方もあります。経済成長率が想定より低くなれば、赤字幅はさらに大きくなってしまいます。

アンバランスな庶民と法人の税負担

政府は、庶民いじめとなる逆進性の高い消費税を増税しながら、グローバル大企業の法人税をさらに低くしようとしています。日本は、名目的な法定税率は高いものの、「実効税負担」は、世界的に見ても著しく低い状態にあるのにです。

安倍首相は、２０１４年１月、スイスのダボス会議で、「法人にかかる税金の体系も、国際相場に照らして競争的なものにしなければならない。本年、さらなる法人税改革に着手する」と、法人税引き下げについて触れました。続く同年６月、安倍政権は、２０１５年度から減税を始め、数年以内に法人税を20％台に下げる方針を打ち出しました。

２０１４年の法定正味税率は35・64％（東京都の場合）です。これを20％台まで引き下げるということは、５・64％以上下げるということです。法人税を１％下げるごとに４７００億円の税収減になりますから、20％台に下げるとなると、２兆６５０８億円以上の税収減になり、ほかの財源を確保しなければなりません。それは、個人やほかの業種への一層の課税となることは明白です。

それほどまでにして、企業の法人税を引き下げる必要がどこにあるのでしょうか。

中小企業の7割は赤字経営

政府は、アベノミクス効果によって、実質経済成長率が、年率３・８％（２０１３年４～６月期）に回復したと吹聴しています。

しかし、中小企業は、このような経済指数とはまったく無縁で、景況は依然として低迷を続けて、深刻化の度合いを深めています。

その実態は、財務省「法人企業統計」からも読みとれます。

２０１３年４～６月期の中小企業の経常利益は、前年同期比で12・５％減です。一方で、同期の大企業は、49・７％増と明暗を分けています。アベノミクスは、大企業と中小企業の収益格差をますます拡大させていることがわかります。

国税庁の調査によれば、全国約２５０万社の中小企業（資本金１億円以下）のうち、黒字で法人税を払っているのは、３割にも満たない約70万社にとどまります。残りの約１８０万社は赤字経営なのです。

中小企業は、全国各地において、地域経済の基盤を形成し、圧倒的に多くの国民に雇用の機会を提供し、国民の生活の原資を供給しています。ほとんどの国民が、その地域において中小企業の経営活動を舞台として、中小企業を頼りに生活を営んでいます。

ところが、アベノミクスは大企業の活性化への期待にシフトし、税制をはじめとして大企業を優遇する諸政策に傾斜しています。中小企業には、さっぱり光を当てようとはしません。

経団連は、2013年10月23日、政権与党の活動が経済界の要望に沿っているかを検証する「政策評価について」を発表していますが、アベノミクスを高く評価し、安倍内閣を強く支持する態度を明確にし、「経団連が主張する政策を積極的に推進しており、高く評価できる」と総評しています。

大企業との交易格差

中小企業は、円安にともなう原材料コストの上昇をまともに受けて、これを販売価格に十分に転嫁できないのが実情です。

輸出比率が高い大企業の場合は、為替差益の恩恵もあるので、利益は急上昇しますが、内需依存の中小企業は負担増だけが残ってしまうのです。

これを端的に示すのが、いわゆる「企業の交易条件」です。企業の交易条件とは、販売価格と仕入価格の差のことです。これまで15年ものデフレの間、この交易条件は悪化したままでマイナスが続いてきました。短期的には円高局面で改善しましたが、２０１２年12月に第二次安倍政権が誕生すると、中小企業の交易条件は円安局面に転じて急速に悪化してきています。大企業の交易条件が改善したのとは対照的です。

金融庁の金融検査マニュアルで「要注意先（要管理先）」の中小企業は、２０１３年の3月末で約40万社もあり、銀行にとって不良債権扱いとなる債務は約37兆円にものぼります。

これらの債務は、２００８年9月のリーマンショック後に施行された「中小企業金融円滑化法」で返済負担が軽減されてきました。同法が２０１３年3月末で終了したあと、金融庁は手続き操作で銀行が破綻処理しないように押しとどめている状態です。

しかし、今後、消費増税の実施でデフレ圧力が高まると、問題企業の先行きは行きづまり、銀行も債権を持ち切れなくなります。

そこで、最終的な破綻処理となるわけですが、銀行は信用保証協会に持込んで「代位弁済」を求めます。保証協会は保険をかけている日本政策金融公庫に弁済額の7割から9割の支払いを請求します。そのようになると、平成バブル崩壊時のような信用不安にはなりませんが、財務省系列の政策金融公庫が打撃を受け、やがてそのツケは、国庫を経由して、最終的には納税者に回ってくることになるのです。

国内需要が増えないかぎり

中小企業が、２０１４年の消費税の３％増税、翌２０１５年にさらに２％増税されて、果たしてどうなるかが大問題です。

外需（輸出）が増大すると、大企業に生産誘発効果が大きく表れます。それに対して、内需（民間消費）は中小企業に大きな収益をもたらします。

消費税増税後、民間消費が萎縮して頭打ちになると、輸出主導の色彩が強まります。すると、大企業と中小企業の収益格差が、ますます広がる可能性があります。

安倍首相は、消費税増税にともなって、８兆１０００億円と予想される家計への負担増とデフレの高まりを懸念して、５兆円規模の経済政策を打ち出しました。

しかし、中小企業は、輸出主導の大企業とは違って、消費税増税後の消費需要減退の直撃を受けます。中小企業は価格交渉力が極めて弱く、収益はさらに低下する危険が大きいことが危惧されます。

そのうえ、消費税増税の直撃を受けて、中小企業の経営が深刻化することは避けられません。値上げで売り上げが減るのを心配して、増税分を商品価格に上乗せする「価格転嫁」に踏み切れない中小企業が多いからです。

国民の全雇用の3分の2を占める中小企業の経営環境は悪化し、政府がやろうとしているように、先端技術を導入したり、給与の総支給額の増額ができるほど生やさしいものではありません。

消費税増税は、大多数の庶民と中小企業従事者が被害者です。大企業は、取引の相手方との交渉においても優位であり、そのうえ政府からの多くの政策的恩恵に浴しているので、消費税増税の影響はそう多くはありません。

このままでは、中小企業の経営が深刻化する危険があることを警告しておきます。

第8章　崩壊した法人税制を建て直せ！

消費増税より税制の欠陥を修正すべき

政府は、消費税増税を実行する根拠として、「増税しなければ、日本は財政破綻しギリシャ化する」、「消費増税は国際公約である」などと強調していました。

しかし、私は、増税は景気を冷やし経済にダメージを与えるので、増税をするならば、デフレから完全に脱却した後で実施を考えるべきだと考えます。増税の結論を出す前に、行財政改革や国会議員定数の削減など、なすべきことは山ほどあります。

とくに、消費税論議をする際には、今の日本の税制に存在する欠陥が見過ごされています。税制の欠陥は、看過するには大き過ぎる欠陥であり、この穴をふさぐことで、消費税増税の論議をはじめとして、税制改革問題は新たなステージに進むことになるだろうと考えます。

その欠陥とは、本書を通じて指摘したように、特定の大企業や高所得の資産家に対する優遇税制や欠陥税制の存在です。

日本国を捨てるように海外に逃避し、日本国に「税金を払わない巨大企業」が増大したために、国家財政の危機と国民生活の衰退を招来しているのです。

何度も指摘してきたように、日本の法人所得課税は、課税ベースがタックス・イロージョン（課税の浸蝕化）や、タックス・シェルター（課税の隠れ場）によって〝縮小化〟され、歪められて小さくなっています。日本の法人税が高いと言われているのは、法定税率であって、実際の税金ではありません。実効税負担率から見れば、中には納税額がタックス・ヘイブンと変わらないほど低い大企業も、現実にあるのです。

法人税減税効果は果たしてあるか？

法人所得課税には、課税ベースの空洞化という致命的な欠陥があるために、企業間に課税のアンバランスはあるにしても、その実質的な税負担は必ずしも高くはありません。

法人税減税の目的は、経済界の重鎮や大企業の幹部が声高に言うように、「海外企業との競争力の強化」が主眼です。ところが、大企業の実効税負担率のあまりの低さを見れば、法人税の名目上の高さが、大企業の経営を逼迫させているとは到底考えられません。

そのうえ、日本では、１９９５年から２０１１年の間に法人税を引き下げましたが、１・７％の税収減になったという前例があります。法人税率を引き下げても経済は活性化しませんし、雇用の創出にもつながっていません。

経済協力開発機構（ＯＥＣＤ）などの資料によって、海外の先進諸国で法人税を引き下げた過去の例を見ても、税収を増収させる効果は、次のように千差万別だったのです。

(1)法人税を引き下げて、税収が増えた事例
・イギリスでは、１９９５年から２０１２年の間に法人税率を９％引き下げて、税収増は４・８％
・ドイツでは、１９９５年から２０１２年の間に法人税率を約25％引き下げて、税収増は５・６％
・韓国では、２０００年から２０１２年の間に法人税率を６・６％引き下げて、税収増は８・４％
(2)法人税率を据えおいたままだったのに、税収が増えた事例
・アメリカでは、４・１％の税収増（２０１２年）
・フランスでは、４・４％の税収増（２０１２年）
(3)法人税率を引き下げたのに、税収減になった事例

・前述のように、日本の例です。わが国は、１９９５年から２０１１年の間に法人税率を引き下げたが、１・７％の税収減

これらのように、法人税率を引き下げた国と据えおいたままの国を比較すると、法人税率の変化と税収の伸びとは因果関係がないことがわかっています。税収の増減には、景気動向の影響が大きいと見られていて、経済成長が税収増の要因であると言えます。

ＩＴバブルが崩壊した２０００年から２００１年と、リーマンショックが起きた２００８年から２００９年は、法人税率を引き下げた国も、据えおいたままの国も、どちらも税収を落としています。

法人税率の引き下げが、どれだけ経済成長に寄与したのかは、わかっていないのが実際のところなのです。

それなのに、国の財政状態が厳しい中で、あえて、法人税率の引き下げが２０１１年12月施行の税制改正により行なわれ、さらに２０１５年度から引き下げられようとしているのはなぜでしょうか。

アベノミクス効果が鈍化しつつある今こそ、内需拡大策を実施すべきなのに、安倍政権

は景気回復に〝足かせ〟をかけるような消費増税という〝内需停滞策〟を断行してしまいました。今後、経済成長が見込めなくなれば、法人税率引き下げで大企業以外の税収も減り、国民の消費活動も悪化して、日本の財政が立ち行かなくなりはしないかと、私は心配でなりません。

苦しい代替財源探し

政府はこれまで、法人税改革で法人課税の税率を引き下げる一方で、それによる減収の代替財源として、減価償却の縮小、欠損金の繰越控除の制限、貸倒引当金の縮小、寄附金の損金算入限度額の圧縮、外国税額控除の見直し、研究開発税制の縮減等を実施してきました。そのために課税ベースは一段と歪められ、法人税制は混迷の度を深めています。

2015年度から始まる法人税の減税によって、現在の法定正味税率から20％台に下げるためには、2兆6500億円以上の代替財源が必要になります。

麻生太郎財務大臣は、法人税率引き下げの代替財源として、「課税ベースの拡大など恒久財源の確保を」と述べています。数年かけて引き下げるので、課税ベースは年々拡大されていく可能性があります。

私が気になっているのは、安倍首相が、「女性の就労を後押しするため」という表向きの理由で推し進めようとしている配偶者控除の撤廃です。

　配偶者控除とは、納税者に所得税法上の控除対象配偶者がいる場合、一定の金額の所得控除が受けられる制度です。たとえば、夫が会社員で妻がパート従業員の場合は、妻の年収が１０３万円以下であれば、夫の課税所得から38万円が差し引かれます。妻は給与所得控除が65万円あり、さらに基礎控除が最大38万円あるので、合計額の１０３万円以下の年収であれば、課税所得はゼロになるという仕組みです。

　この配偶者控除を撤廃して、年収１０３万円以下の人にも課税しようとしているのです。もし、この配偶者控除が本当に女性就労のハードルになっているとしたら、逆に配偶者控除額を引き上げる方が女性就労の推進力になるでしょう。それを、「女性の就労を後押しする」という本末転倒のもっともらしい理屈をつけるところが、為政者の詭弁です。

　もうひとつ、パチンコやパチスロの換金に課税する案があります。パチンコやパチスロは、皆さんご存じのように、パチンコ玉やコインは換金することはできず、景品にしか替えられません。しかし景品を買い取る別の景品買取業者がいるので、換金が可能になっています。

その換金に1％を課税すると、2000億円の税収増になるという試算があります。

しかし、地方の中には、パチンコやパチスロしか娯楽がないところが数多くあります。数少ない娯楽の利益に課税するような政策を行って、企業の中でも大企業の法人税を優遇する必要性はどこにあるのでしょうか。これは、配偶者控除の撤廃も同じです。

また、カジノ構想もあります。東京のお台場や大阪のウォーターフロント、沖縄などに国際的な民営カジノを作って、2020年の東京オリンピックを目指して開設しようという動きがあります。2013年12月、超党派の国会議員による国際観光産業振興議員連盟（通称・カジノ議連）が、カジノ解禁推進法案を提出した経緯があります。

カジノは、観光資源となって雇用創出効果もあり、財源としても有望です。その反面、カジノは、犯罪率や自殺率を増加させるなどの反対意見もあり、日本弁護士連合会などが反対意見を表明しています。

代替財源案の問題点

政府税調の法人課税ディスカッショングループや報道機関などが独自に財源捻出案としてリストアップしているのは、次の内容です。

①受取配当金の益金不算入制度（子会社・関係会社、投資先会社から受け取る配当金を課税対象から除外）の見直しによる課税対象の拡大
②租税特別措置（研究開発や設備投資、環境やエネルギー対策等を促進させるための減税）の廃止・縮小
③法人事業税の外形標準課税（資本金1億円超の企業を対象に、給与や純支払利子、支払賃借料と単年度損益の付加価値額や資本金等の額を基準に課税）の見直しにより適用対象を拡大し、赤字決算の中小企業に対しても課税。
④欠損金の繰越控除（過去の赤字を、翌年度以降の黒字と相殺して課税対象を減少する）の圧縮
⑤減価償却制度（機械設備等の資産を取得した場合、複数年かけて順次に経費に計上）の見直し
⑥中小企業に対する支援税制（中小企業に対する課税を低率にしている軽減税率の特例）の見直し
⑦公益法人に対する課税の特例（課税対象の範囲を限定し、低率にしている優遇税制）

の見直し

①②に関しては、これまで私が述べてきたように、法人税減税の代替案とは関係なく、できるだけ早い時期に実行すべきだと思います。そうすれば、法人税減税はおろか、消費税増税もする必要はないことは、本書を通じて私が述べてきたとおりです。

しかし、法人税を減税するために、法人が優遇されてきた税制を見直すなどとは到底考えられません。「この100万円減税する代わりに、これまで減税してきた別の税を100万円増やすよ」と言っても、財界もどの企業も納得しないでしょう。

③については、赤字に苦しむ中小企業に新たに課税することは理不尽であり、納得しがたいことです。法人事業税は、地方自治体に納めるものです。地方自治体が景気に影響されない安定財源を確保しようとする中、中小企業の立場を無視した徴税者本位の発想であり、容認できません。

④の欠損金については、過去の損失を補塡しない限り、原理的には所得は生じないのですから、間違った財源漁りとしか考えられません。

⑤の減価償却には定率法と定額法がありますが、これを定額法に統一すれば5000億

円程度の税収増になると財務省は試算しています。しかし、会計制度の基本にかかわる問題を、安易にいじるべきではないと考えます。

⑥については、対象を限定するなど熟考が必要です。

⑦については思い切った改革を断行すべきです。

公正な企業税制のために

このように考えていくと、結局、一般国民が犠牲となる税制改悪が行われ続けるしかないようです。消費税を増税したのも、結果的に大企業を優遇するためでした。そして、法人税を減税して大企業を優遇させるために、〝官による、大企業を優遇するための、民いじめ〟が一層激しくなろうとしています。

一般国民や中小企業が疲弊して、大企業ばかりが利益を膨らませる社会は、日本そのものが無国籍化していくことにほかなりません。

今こそ、現在の歪んだ法人税制を公正な企業税制へと再構築し、日本に「税金を払わない巨大企業」のような存在をなくすことです。アメリカナイズし、企業エゴによる利益至上主義を許容するような会社法も改めなければなりません。

具体的には、企業は法人税を法定正味税率どおりに納税し、受取配当金にも一定の税率を課し、優遇税制を見直すことです。現状での消費増税や再増税は、法人税を引き下げるためのバーターではなかったのでしょうか。

私がこのように日本の大企業優遇を憂うのは、借金まみれの日本の財政を健全化させ、活力と競争力のある企業社会に改造し、強い経済を創出して、国民経済を繁栄させたいがゆえです。

安倍首相は、政権の最大の課題を「デフレ脱却と地方再生」と掲げていますが、実際にとった政策は、デフレ回帰になる可能性が高く、地方や中小企業に負担を強いてばかりです。一体日本はこのままでいいのでしょうか。

私が本書で歯に衣着せずに問題を指摘してきたのは、日本国家が経済的にも文化的にも強力にして高潔であり、繁栄する企業国家として発展することを願ってやまないからです。

あとがき

本書は決して大企業バッシングではありません。大企業の巨大な利益からすれば、法定正味税率で納税しても、企業の屋台骨はゆるぎもしません。大企業を優遇するあまり、国民に過重な負担がかけられる歪んだ税制こそ、日本の将来を危うくすると私は懸念しているのです。

このように思うのは、私の原体験があるからです。

私は、横浜高等商業学校（横浜国立大学経済学部の前身）の2年生だった昭和19（1944）年、19歳で学徒動員され、戦地におもむきました。それまで高等商業学校で勉強できたのは1年間だけで、2年生になると横須賀の海軍工廠に勤労動員され、父親にやっと許された進学でしたが、満足には勉強できませんでした。

兵隊になった私は、お国のためにこの命を捧げる覚悟をしていましたが、幸いにして、終戦の翌年、外地から復員できました。しかし、同窓生の多くは生きて母国の土を踏めず、あまりにも多くの兵士や民間人が犠牲になってしまいました。

日本を戦争に駆り立てた原因のひとつに、国家財政のもろさや経済の脆弱さがあげられます。日本の財政や経済の弱さを補うために、他国に侵出を企んだのです。

――こんな悲惨な戦争を二度と起こさないためにも、日本を内側から強くしなければならない。そうしなければ、戦争で亡くなった人たちに申し訳ない。

私が、戦後、国税庁に奉職したのは、こんな決意もありました。今も、あのときの選択は間違っていなかったと思っています。

私は、それからの15年間、国税庁で大蔵事務官や国税実査官として徴税の現場を経験しました。昭和35（1960）年に退官してからは、中央大学商学部助教授となり、税務会計学を創始して研究を始めました。それからは、税を専門的に研究しながら、多くの企業の顧問もつとめて、税を徴収される側の苦労も知りました。私は税に関しては、裁判所にたとえて言うなら裁判官と検察官と弁護士の立場をすべて経験したのです。

その結果、現在の日本の財政が著しく弱いのは、税の不公平さに起因することに気がつきました。とくに、大企業を優遇し、その財政面での〝帳尻合わせ〟をさせられているのが、一般国民や中小企業だったことが明らかになりました。

かつては、国が栄えるためには、まず大企業が潤ってから、しだいに中小企業も活況になり、多くの労働者の賃金も上がって、内需が拡大するという波及効果が考えられていました。しかし、１９８０年頃から、大企業が盛んにグローバル化した結果、国を棄てて、無国籍としか言いようのない形態に変わっていきました。同時に、短期にできるだけ多くの利益を得ようとするアメリカナイズした経営方針が浸透して、大企業は、その利益をタックス・ヘイブンと呼ばれる税率がきわめて低い国々に蓄積するようになってしまいました。つまり、大企業が儲かっても、国や国民は潤わないようになってしまったのです。

それにもかかわらず、政府は大企業を優遇するような税制を推し進めています。その結果が消費税の増税です。もし、大企業に、法が定めた税率に基づいて適正に納税させていれば、消費税を増税しなくてよかったばかりか、これほど財政赤字に苦しむ必要もなかったのです。

そんな実態はおくびにも出さず、財界と大企業は、「日本の法人税率は先進諸国の中ではきわめて高い」と被害者意識をむき出しにして、法人税の法定正味税率「35・64％」を、

「数年以内に20％台まで下げる」と政府に公約させることに成功しました。その実、大企業が実際に納税している実効税負担率は、法定正味税率をはるかに下回り、諸外国の法人税よりも低かったのは、本書に記したとおりです。

安倍首相が決断した法人税の引き下げで、財務省は代替財源について頭を悩ませていますが、結局は、消費税のさらなる増税に加えて、国民に負担を強いるような増税策しかありません。このままでは、国と国民を幸せにするはずの富は、大企業や大富豪に吸い上げられて、海外のタックス・ヘイブンに流出する一方です。そんな理不尽な道理が許されていいのでしょうか。

そこで、欠陥税制や間違った優遇税制に気づいてもらうためにも、具体的に大企業の実名をあげて実効税負担率が低い実態を明らかにしたというわけです。日本を代表するような大企業が、実際には、利益の割にごくわずかな納税しかしていないことに驚かれた読者も多いでしょう。日本の法人税制が、いかに不公正極まりなく、重大な欠陥がある点についても理解していただけたと思います。

税制は政治のバックボーンであり、社会の公正さの鑑です。公正な法人税制を再建すれば、国民から信頼される政治が確立するとともに、企業国家としての発展が期待できると信じています。

真に平和で、文化の香り高く、世界から尊敬される素晴らしい企業社会と国家の姿を、愛する日本で構築していきたいのです。

税に70年近く携わり、税を50年以上研究し続けて、税の表も裏も知り尽くした私が、日本の財政や税制を真に改革するための遺言として、本書を著しました。

出版にあたり、文藝春秋の木俣正剛取締役、向坊健ノンフィクション部長、松下理香文春新書副部長、河﨑貴一氏に格別なるご高配をいただきました。そして、同社の関係者の皆さんに感謝を申し上げます。

二〇一四年八月

富岡幸雄

富岡幸雄（とみおか ゆきお）

1925年生まれ。中央大学名誉教授、商学博士。1945年横浜高等商業学校（現横浜国立大学経済学部）卒業、1950年中央大学法学部卒業、同大学院商学研究科修士課程修了。国税庁の大蔵事務官、国税実査官を経て、1965年中央大学商学部教授。1967〜68年欧米留学中に、米国カリフォルニア大学ロスアンゼルス校（UCLA）大学院ビジネススクール客員教授を務める。帰国後は、通商産業省中小企業承継税制問題研究会座長、政府税制調査会特別委員等を歴任。現在は日本租税理論学会理事、税務会計研究学会顧問を務める。著書に『税務会計学原理』（中央大学出版部）、『新版　税務会計学講義』（中央経済社）など。

文春新書

988

税金《ぜいきん》を払《はら》わない巨大《きよだい》企業《きぎよう》

2014年（平成26年）9月20日　第1刷発行
2014年（平成26年）10月5日　第2刷発行

著　者　富岡幸雄
発行者　飯窪成幸
発行所　株式会社 文藝春秋

〒102-8008　東京都千代田区紀尾井町3-23
電話（03）3265-1211（代表）

印刷所　理想社
付物印刷　大日本印刷
製本所　大口製本

定価はカバーに表示してあります。
万一、落丁・乱丁の場合は小社製作部宛お送り下さい。
送料小社負担でお取替え致します。

ISBN978-4-16-660988-8